Photographie de couverture :
Élie Buzyn, 1946.

J'AVAIS 15 ANS

VIVRE, SURVIVRE, REVIVRE

Daniel Lemaître

Mes remerciements à

Bernard Lemaître

Avec la collaboration de Joëlle Martres
et Judith Vernant

Conseil éditorial : Sophie Carquain

Ce livre est le format poche de la première édition
parue aux éditions Alisio en 2018.

© 2019 Alisio,
une marque des éditions Leduc.s
10, place des Cinq-Martyrs-du-Lycée-Buffon
75015 Paris – France
www.alisio.fr
ISBN : 978-2-37935-020-7

ÉLIE BUZYN

J'AVAIS 15 ANS
VIVRE, SURVIVRE, REVIVRE

Le récit inspirant
d'une vie après Auschwitz

ALISIO
POCHE

À mes parents, mes frère et sœur,
à mes enfants et petits-enfants.

Je tiens à exprimer ici ma profonde gratitude à Etty, mon épouse, pour ses encouragements et l'aide précieuse qu'elle a su apporter à la formulation de ce témoignage. Mais avant tout pour sa sollicitude, depuis plus d'un demi-siècle, à partager les affres de ma difficile reconstruction.

Avant-propos

L e projet de témoigner sur mon vécu de la déportation n'est pas fortuit. Il s'est imposé au fur et à mesure de mes fréquentes interventions dans différents lieux, en particulier auprès de scolaires et d'étudiants.

En outre, le fait d'accompagner des groupes à Auschwitz, depuis plus de dix ans, a joué un grand rôle dans ma prise de conscience de l'utilité d'un témoignage écrit. Le fait, aussi que, ces dernières années, certaines voix de mes camarades de déportation se sont tues. D'évidence, je devais contribuer à laisser une trace de ma propre expérience d'enfant et d'adolescent exposé à la barbarie nazie ; expérience qui est aussi celle de toutes les victimes muettes de cette même barbarie. Et cela, avant que ma propre voix ne soit plus audible à son tour. Car il va de soi qu'il n'existera bientôt plus d'anciens déportés vivants pour témoigner devant les nouvelles générations.

Je dois reconnaître que des pressions amicales ne sont pas étrangères à ma décision d'apporter mon témoignage personnel à l'expérience douloureuse qui lie les rescapés entre eux. Ajouter ma propre contribution aux traces écrites déjà existantes sur notre calvaire m'est finalement apparu comme un nécessaire devoir de mémoire envers les suppliciés de toutes origines. Me soustraire à la responsabilité qui m'incombait de témoigner, c'était en quelque sorte faire preuve de déloyauté envers tous nos disparus, connus ou anonymes. « Le bourreau tue toujours deux fois, la deuxième fois par le silence », dit Élie Wiesel.

Je revendique donc de n'être qu'une voix parmi tant d'autres, toutes ayant le même statut et la même valeur de témoignage historique incontestable, qui touche l'humain dans son essence même.

À cela s'ajoute une approche de mon métier, la médecine et, en particulier, de l'éthique dans ma pratique de la chirurgie, en lien étroit avec des expériences physiques douloureuses dont j'ai eu la chance de sortir, à Auschwitz et à Buchenwald, grâce à des gestes d'humanité insoupçonnables dans un tel contexte. Il m'est ainsi apparu essentiel de compléter ce témoignage douloureux par une référence à la résilience qui m'a permis de me reconstruire sur le plan personnel et professionnel, c'est-à-dire de donner un nouveau sens à ma vie. Cette victoire sur l'adversité représente pour moi l'échec total du projet des nazis de nous éliminer.

Un tel projet si monstrueux de déshumanisation et d'extermination – qui a coûté la vie à 6 millions de Juifs, dont 1,5 million d'enfants, sans compter les très nombreuses victimes tziganes, les opposants au système nazi, les asociaux, les témoins de Jéhovah, les homosexuels, les handicapés et les malades mentaux, tous innocents – mérite l'implication de tous les témoins qui souhaitent s'exprimer. C'est mon cas, et je veux insister sur le fait que le Mal étant difficile à éradiquer de l'espèce humaine, nous devons rester vigilants à ce que les régimes totalitaires fondés sur l'exclusion, quelle qu'elle soit, ne se reproduisent plus. Oublier le passé revient à encourager sa répétition dans l'avenir. C'est le sens primordial que je souhaite inspirer à mes lecteurs.

Je les remercie à l'avance pour leur implication à transmettre ce message aux générations qui leur succéderont.

Prologue

Mes pieds martèlent le sol. Par foulées régulières, mes jambes avalent le tracé plat et gris de la route. Une rumeur, des acclamations du public massé tout au long du parcours m'accompagnent. J'ai 77 ans. Je relaie la flamme pour les jeux Olympiques d'hiver de Turin. Qu'il est à la fois loin et toujours présent, le temps où j'ai bien cru perdre ces pieds gelés, au cours de la marche de la mort d'Auschwitz à Buchenwald, soixante-et-un ans plus tôt.

J'avais 16 ans, la taille d'un enfant de 13 et l'expérience d'un adulte.

En août 1944, lorsque le ghetto de Lodz a été liquidé, nous avons dû partir, mes parents, ma sœur

---

[*] *Être sans destin*, Actes Sud, 1998.

et moi, pour un voyage de trois jours en wagon à bestiaux, direction Auschwitz-Birkenau. À la sortie du train, nous avons été définitivement séparés.

J'avais 15 ans, et je serais mort comme les autres enfants de mon âge si, sur la rampe de sélection, un déporté ne m'avait soufflé de prétendre que j'avais 17 ans. Grâce à lui, j'ai obtenu mon passeport pour la survie : le numéro qui m'a été tatoué, en caractères énormes sur mon bras d'enfant. Mes parents, eux, n'ont pas eu cette « chance ».

« Tu dois tout faire pour rester en vie », m'avait dit ma mère le jour de ma bar-mitsvah, dans le ghetto, moins de deux ans plus tôt. Lorsqu'est venu ce temps de la survie, ce sont ces mots qui m'ont permis de ne pas flancher durant l'interminable hiver qui a suivi.

J'avais 15 ans, et quantité de frontières à franchir pour construire une vie sur ce champ de ruines. Revivre. Pendant cinquante ans, j'ai effectué cette traversée des mondes, celle de la sous-nutrition et de la mort, celle du danger permanent jusqu'à la réparation des vivants à travers mon choix de devenir chirurgien orthopédiste, celle de la désagrégation de mon univers et de la disparition de mes parents à celle de la construction de ma famille, lorsque j'ai rencontré mon épouse et que je suis devenu père à mon tour.

Prologue

Durant ces cinquante ans, il m'a été impossible de raconter. Jusqu'à ce que mon fils formule le souhait d'aller à Auschwitz, sur les lieux de l'assassinat de ses grands-parents paternels, et que je comprenne que je n'avais pas d'autre choix que de l'accompagner.

C'est lui qui avait raison. Il fallait que j'y aille. Il fallait que je me confronte à tous ces fantômes et que je témoigne, car ne pas parler de ces millions de victimes, dont mes parents, revenait à les faire mourir une seconde fois.

Désormais, je m'y rends une à deux fois par an, avec des groupes, mais aussi et surtout avec mes enfants et mes petits-enfants, pour qu'ils soient à leur tour des témoins du témoin que je suis.

Nous y allons ensemble lorsque chacun d'eux atteint l'âge de 15 ans.

Première partie
Vivre

« Ici, il n'y a pas de pourquoi. »

Primo Levi*

---

* *Si c'est un homme*, Pocket, 1990

J e suis né à Lodz en 1929, dans une famille prospère, peu religieuse mais imprégnée de culture juive.

Je n'ai pas connu mon grand-père paternel, mort à 37 ans de tuberculose, qui m'a légué son nom et son prénom. Mon grand-père maternel, Hénoch, originaire de Strykow, un petit bourg situé à 30 kilomètres de Lodz, était un hassid très connu, issu de la dynastie de Gur*. J'ai des photos représentant ce beau vieillard à la barbe fournie, qui étudiait toute la journée la Guemara** assis dans le magasin qu'il tenait avec ma grand-mère, à la fois bazar et droguerie où l'on trouvait de tout, du tissu aux épices, en

---

* Juif pieux.
** Partie du Talmud.

passant par la vaisselle ou les fouets pour les chevaux. Un jour, il m'a pris sur ses genoux et m'a montré la première page d'un très grand livre d'étude du Talmud. Depuis deux siècles, les chefs de famille successifs y consignaient à la main les naissances et les décès, avec les dates du calendrier hébraïque, avant de les transmettre à l'état civil. Il m'a montré mon prénom, à ma place de dernier de la famille. J'avais 5 ans, et je savais déjà lire l'hébreu.

Ma mère, Sarah, très présente, s'occupait de ses trois enfants : mon frère, Avram, qui, avec ses onze années de plus que moi, jouait un peu le rôle de chef de la fratrie, Tauba, ma sœur, de six ans mon aînée et moi, le petit dernier. Maman nous choyait tous, mais j'étais le chouchou, gâté et entouré. J'ai reçu beaucoup d'amour, des provisions de force pour toute la vie.

Douce et réservée, efficace, maman estimait que même en présence de personnel, nous devions participer à l'entretien de la maison en rangeant notre chambre. Elle avait d'ailleurs la réputation de particulièrement bien traiter ses employées ; des jeunes femmes qui se bousculaient pour travailler chez nous, puis la plupart du temps nous quittaient presque du jour au lendemain pour se marier. Je n'ai compris que plus tard la raison de ce défilé de fiancées : dans la région, tout le monde savait que ma mère offrait leur trousseau de mariage (ce qui était loin d'être négligeable) à ses employées de maison !

Nous, les enfants, l'aidions aussi à laver le linge ; la fonction qui m'était dévolue consistait à faire tourner l'essoreuse – deux rouleaux en caoutchouc à actionner à la manivelle, entre lesquels passaient les draps. Puis nous étendions le linge dans le grenier de la maison pour qu'il sèche.

Petit dernier, je n'étais pas pour autant un modèle de sagesse et profitais, comme tous les gamins de mon âge, des dîners d'adultes pour multiplier les bêtises. Par exemple, je trouvais très drôle de me glisser sous la table et, abrité des regards par la nappe, de nouer les lacets des chaussures des invités avec ceux des membres de ma famille. Je me souviens aussi d'avoir un jour posé un traversin dans le couloir menant de la cuisine à la salle à manger, pour faire chuter l'employée de maison, qui portait précautionneusement la soupière. Cette fois, j'avais atteint les limites de l'indulgence de ma mère, qui m'a copieusement corrigé. Autant dire que je n'ai jamais recommencé.

Femme de conviction, très engagée dans les actions humanitaires à travers la WIZO*, ma mère mettait

---

* *Women's International Zionist Organization*, en français : Organisation internationale des femmes sionistes.

en pratique ses valeurs morales et humaines auprès des plus pauvres. Bien que peu religieuse, elle respectait la tradition, la cacherout et l'aumône. Elle était surtout consciente des réalités du monde juif, à une époque où les Juifs d'origine polonaise étaient chassés d'Allemagne et, totalement démunis, arrivaient en masse dans notre pays.

Je me souviens d'ailleurs avoir perçu, dès 1933, une certaine agitation autour de moi. Je n'avais que 4 ans, mais je saisissais des bribes de conversations très inquiétantes à la suite de l'arrivée d'Hitler au pouvoir.

Lorsque j'ai eu 6 ans, maman m'a assigné une mission particulière. La coutume voulait que le vendredi après-midi, à l'orée du shabbat, on donne aux pauvres qui venaient demander la charité. Ceux-ci se présentaient généralement à la porte par petits groupes, qui envoyaient des représentants auxquels j'étais chargé de distribuer les pièces de la coupelle bien remplie que me confiait ma mère.

Un soir, derrière l'un des mendiants qui me sollicitait au nom d'un de ces groupes, j'ai reconnu certains visages que j'avais aperçus un peu plus tôt dans la journée. Tout fier d'avoir identifié des « fraudeurs », je suis allé trouver ma mère, qui m'a gentiment rabroué : « Ne t'occupe pas de cela. Ton rôle est de donner, et peu importe si tu donnes deux ou trois fois aux mêmes personnes. Si elles reviennent, c'est qu'elles en ont besoin. Deux ou trois pièces de plus, de toute façon, ce n'est pas grand-chose. »

Parfois, ma mère me demandait de céder ma chambre à des parents, des amis, ou même à des étrangers en déshérence – ces Juifs chassés d'Allemagne nazie – qu'elle accueillait à la maison. J'allais alors dormir dans la chambre de ma sœur... jusqu'à ce que celle-ci se plaigne à ma mère que ses amies, juives comme polonaises (avec ces dernières, il lui est arrivé de goûter au porc et de manger du pain à Pessah !), s'intéressent moins à elle qu'à moi, « l'adorable petit garçon ». Maman a continué à offrir ma chambre à ceux qui en avaient besoin et, moi, j'ai dû migrer dans le séjour.

Maman était très dévouée à sa famille restée à Strykow. Maman, dont nous ne pouvons, avec le recul du temps, qu'admirer la force et la subtilité de son souci d'autrui, l'humanité, la justesse de ses positions et de ses décisions. Sa compréhension d'un contexte historique complexe lui a ainsi permis d'aider son frère. En conflit avec sa famille pour avoir rejeté l'orthodoxie après son passage à la yeshiva, celui-ci vivait chez mes parents la semaine, où il préparait seul son baccalauréat polonais, unique diplôme reconnu à l'étranger, et passait le shabbat à Strykow.

Militant au sein du parti communiste, il avait une conscience aiguë du difficile devenir du monde juif en Pologne et savait que pour accomplir son désir de devenir médecin, il devait quitter le pays. Mes parents l'ont également compris et ont partiellement financé ses études de médecine en France, ce pays alors démocratique et ouvert. Pendant les vacances universitaires, à la demande de maman, il nous rendait visite. Lorsqu'il était à la maison, celle-ci le nourrissait et le traitait comme un fils. Je me rappelle encore les entendre parler polonais... Je me souviens aussi des dernières vacances que nous avons passées ensemble. C'était en 1939.

J'étais à l'époque très lié à mon meilleur ami, Alexandre Porat, qui fréquentait la même école publique que moi. Je le voyais souvent en-dehors de la classe, lorsqu'il rendait visite à sa tante qui habitait le même immeuble que nous. Comme nous le verrons plus loin, cette amitié s'est poursuivie quand nous nous sommes retrouvés parqués dans le ghetto de Lodz, dans la même situation de devoir protéger nos parents, vivant dans une situation précaire, et travailler à leur place.

Il y a une dizaine d'années, lors d'une fête de l'OSE*, j'ai entendu une chanson qui a fait remonter

---

* Œuvre de secours aux enfants.

à ma mémoire une scène qui y était profondément enfouie depuis bien longtemps. Un jour, mon frère nous avait réunis à l'occasion de l'anniversaire de notre mère. À un moment précis, il a allumé la radio et le speaker a annoncé : « À l'attention de Sarah Buzyn, de la part de son fils aîné. » Avram a alors pris maman dans ses bras et a dansé avec elle sur l'air de *Pour moi, tu es la plus belle*. Je revois le regard de ma mère valsant avec son fils, empli d'un tel bonheur qu'elle semblait rayonner. Chaque fois que j'y repense, les larmes me montent aux yeux.

Contrairement à ma mère, qui représentait le centre de mon univers, je connaissais peu mon père, Yehoshua Guershon, un industriel du textile dont les affaires absorbaient l'essentiel de son temps. Un jour, alors que j'avais 7 ou 8 ans, il a décidé de me montrer une partie de son activité, entre deux déplacements professionnels. Je suis resté bouche bée devant le respect que lui témoignaient ses collaborateurs. Ainsi, mon père était un homme important ? En sortant, il m'a invité à déjeuner dans un restaurant chic. Sur le chemin du retour, il m'a offert une énorme glace, dont il a lui-même choisi le parfum. C'était de la vanille. Ce goût ne m'a jamais quitté et reste, après toutes ces années, mon parfum préféré.

Le samedi matin, mon père m'emmenait à la synagogue. Après l'office, suivant la coutume, il conviait un pauvre à notre table et le traitait en invité d'honneur. Il le plaçait à sa droite, ne s'adressait qu'à lui, le valorisait et lui témoignait un tel intérêt que nous avions l'impression de ne plus exister.

À la maison, nous pratiquions trois langues : le polonais, le yiddish et l'hébreu. Chacun les comprenait toutes, mais maman s'adressait à moi en polonais, à mon père en yiddish et à mon frère en hébreu. Ce dernier était élève au lycée Itzhak Katzenelson de Lodz, le seul établissement secondaire juif laïque et sioniste dont la première langue était l'hébreu et où l'on pouvait passer son bac en langue hébraïque. J'ai moi-même étudié à l'école du même nom, qui préparait à ce lycée.

Avram était un sioniste militant. Le matin, pour obéir à mon père, il mettait ses téfilines*, mais au lieu du livre de prières, il lisait le quotidien polonais, ce qui avait le don de mettre notre père en rage.

En 1938, âgé de 20 ans, il est parti dans une exploitation agricole sioniste en Pologne, pour préparer son voyage en Palestine. Ma mère en a été très affectée. Mon père a été le chercher et lui a fait renoncer à son

---

* Cubes de cuir contenant des bandes de parchemin sur lesquelles sont inscrits des passages de la Torah. On les porte au bras gauche et sur le front.

projet en insistant sur le fait que son départ rendrait notre mère malade.

Lorsqu'il sera fusillé devant nous, mon père, pensant qu'en le ramenant à la maison, il avait été la cause de sa mort, ne cessera de répéter « J'ai tué mon fils ».

En novembre 1939, Lodz est incorporée au Reich. Ses synagogues sont incendiées. Chaïm Rumkowski, abject personnage, fonctionnaire autocrate et mégalomane, « Roi des Juifs » autoproclamé – au point qu'il fera imprimer des billets à son effigie –, est placé à la tête des autorités juives du ghetto, de la police, et devient, à ce titre, la courroie de transmission des ordres de la SS.

Le 8 février 1940, un décret oblige les Juifs à se regrouper dans le quartier de Baluty, l'un des plus misérables et insalubres de la ville. Certaines familles quittent d'elles-mêmes leur domicile et très vite, celles qui ne l'ont pas fait doivent s'y plier sous la contrainte.

Nous vivions alors dans l'artère principale de la ville, une élégante avenue, sorte de Champs-Élysées locaux, où le tramway passait dans l'après-midi. Le 7 mars 1940, les nazis ont débarqué dans tous les appartements occupés par des Juifs et nous ont rassemblés dans la cour d'un immeuble voisin. Nous devions être 300, sans manteau, dans le froid. Le SS qui conduisait l'action a fait un petit discours de trente secondes, expliquant en substance que nous devions obtempérer sous peine de mort. À titre d'exemple, il a pris au hasard dans la foule trois jeunes gens, dont mon frère, âgé de 22 ans, et les a froidement fait abattre sous nos yeux.

Puis, sans même nous laisser remonter chez nous, ils nous ont embarqués de force et parqués dans un hangar pour la nuit avant de nous conduire au ghetto. Le lendemain matin, je n'ai pas reconnu ma mère. Dans la nuit, ses cheveux étaient devenus entièrement blancs. Elle n'avait que 42 ans.

Je ne sais toujours pas comment il est possible de décrire le climat de violence et de meurtre de ce « jeudi sanglant » : des cris, des chiens, un vacarme assourdissant, comme si le monde allait s'écrouler. Le ciel nous tombait sur la tête. Il est impossible de restituer une telle férocité. Spielberg lui-même n'y est pas parvenu dans sa *Liste de Schindler*. Les mots ou les images sont impuissants à décrire un tel chaos, une réalité à ce point inhumaine.

Nous sommes arrivés dans le ghetto ainsi, avec ce que nous avions sur nous, totalement démunis, terrorisés. Ce régime de terreur susceptible de surgir de nulle part, partout, à tout moment, sera mon ordinaire jusqu'à ma Libération. C'était la méthode utilisée systématiquement et de façon imprévisible par les nazis pour écraser sous leur botte toute velléité de résistance, pour nier notre humanité.

Avram n'a pas été enterré. Ses assassins l'ont emmené, avec ses deux camarades suppliciés, et se sont débarrassés des trois corps qui n'ont jamais été retrouvés. Il ne restera aucune trace d'eux. Tout de suite, ma mère a été obsédée par l'idée de savoir où se trouvait le corps de son fils, mais personne n'aurait pu le lui dire. Alors, elle s'est terrée dans le mutisme. Lorsqu'elle a finalement recouvré la parole, ça a été pour demander à récupérer des photos. « Je veux au moins une photo de lui », répétait-elle à longueur de journée. C'est ce qui a sorti, à son tour, mon père de sa torpeur. Il a tenté de mobiliser un peu d'énergie et s'est mis à la recherche de connaissances susceptibles de l'y aider. Un de ses employés, qui nous avait accueillis chez lui dans le ghetto, avait connu mon frère. Par estime pour mon père, il a joué de ses relations parmi les autorités du ghetto, et de ses entrées dans la police pour obtenir l'autorisation spéciale de rouvrir notre appartement, qui était sous scellés. Mon père, qui s'était engagé à ne prendre que les photos, a pu sortir du ghetto sous la surveillance des nazis et, moyennant quelques compensations, récupérer l'album familial, où figuraient aussi les portraits des parents de ma mère, de sa sœur et de ses frères. Puis les scellés ont à nouveau été posés et mon père a regagné le ghetto.

Quand ma mère a eu la photo d'Avram entre les mains, sa douleur s'est faite encore plus intense. Cruellement confrontée à l'absence de son fils, et faute de sépulture où se recueillir, elle la regardait tous les jours et pleurait sans discontinuer. Puis une sorte de quiétude s'est emparée d'elle, la photo ayant, en quelque sorte, fini par faire office de tombeau.

Aujourd'hui, je suis incapable de manipuler un appareil photo. Mes photos sont dispersées n'importe où, n'importe comment, mais je porte toujours sur moi celles auxquelles je tiens le plus, et qu'il m'arrive malgré tout parfois de perdre. L'une de mes filles en a fait son métier, elle est désormais photographe, spécialisée dans les conflits armés. Il m'est difficile de croire que ce soit un hasard.

Au lendemain de l'assassinat de notre frère, dont elle avait été le témoin, ma sœur, qui n'avait jamais eu de problème de santé jusque-là, a commencé à faire des crises d'épilepsie. Cela a duré quatre ans, parfois sous forme de crises aiguës où elle tombait du lit. Il n'y avait pas de médicament, on attendait que ça passe. Mais nous étions toujours aux abois. Lorsqu'elle est arrivée à Auschwitz, ses crises ont pratiquement disparu. Sans doute sentait-elle que si elle était surprise en train de convulser, elle serait aussitôt envoyée à la chambre à gaz.

J'ai très vite réalisé que je ne pourrais jamais consoler mes parents de l'assassinat de mon frère. Ce drame les avait anéantis, au point de les rendre définitivement impuissants à veiller sur ma sœur et sur moi, comme ils l'avaient fait durant notre enfance. La protection s'inversait car c'était désormais à moi qu'incombait la responsabilité de notre existence à tous les quatre. Je me suis dit : « Si je ne fais pas quelque chose pour nous protéger, nous allons mourir tous les quatre. Il faut que je devienne adulte et disponible pour travailler. » J'avais 11 ans.

Avant même la fermeture du ghetto, l'été 1940, Rumkowski prend l'initiative d'ouvrir des ateliers de textile et de cuir travaillant pour les besoins du Reich. Il faut alors trimer dix heures par jour pour recevoir des tickets d'approvisionnement correspondant à une ration de 900 calories quotidiennes (soit environ le tiers des besoins d'un actif) – les autres n'ayant droit qu'à 700 calories. Ce système perdurera jusqu'en 1942, tant que les « improductifs » conservent encore une existence légale.

Seul « adulte » de ma famille, en tout cas apte à travailler, je me levais aux aurores et devais marcher très longtemps dans le froid, la faim au ventre, pour atteindre mon lieu de travail, car les usines étaient dispersées. Là, un contremaître – juif, professionnel du métier – nous recevait plus ou moins bien et nous indiquait les quantités à produire. Mon premier « emploi » consistait à redresser à longueur de journée des aiguilles de tissage. En temps normal, on les remplaçait, mais pendant la guerre, les nazis tenaient à les économiser. Assis sur un siège haut, nous donnions de tout petits coups de marteau pour que l'aiguille adhère au plan de l'enclume d'acier. C'était une tâche très pénible, de haute précision, que nous devions accomplir à une cadence infernale, du matin au soir, pour avoir droit le midi à une malheureuse soupe de pommes de terre – ou non, selon le bon vouloir de nos bourreaux. Car parfois nous travaillions ainsi jusqu'à l'épuisement, privés de nourriture, dans un état de délabrement extrême qui annihilait notre résistance, notre capacité de réaction. Nous ne pouvions même plus penser, notre seule préoccupation consistant à trouver quelque chose à manger*.

---

* Bien des années plus tard, je me suis vu, jeune garçon assis à mon établi, concentré sur ma tâche au fond de l'atelier, sur une photo dont j'ignorais l'existence, qui figure dans le documentaire *Chroniques couleur du ghetto de Lodz* (Dariusz Jablonski, Arte Éditions) et reproduite dans le cahier photo de ce livre. C'est aussi la seule photo que je possède des années de guerre.

Dans ce ghetto de Lodz, qui était en réalité un camp de travail, nous étions cependant en famille. J'habitais encore avec mon père, ma mère et ma sœur ; je les voyais souffrir tous les jours, plongés dans leur détresse, mais au moins étaient-ils là, et c'est ce qui m'importait et m'a donné le courage de travailler durant ces quatre années.

J'ai d'ailleurs retrouvé là Alex, qui demeurait près de chez nous avec ses parents et passait me prendre à 7 heures, le matin, pour que nous fassions le trajet ensemble. Nous devions notamment traverser le pont enjambant la ligne de tramway qui traversait la ville et nous était interdite.

Nous avons aussi travaillé dans la même usine pendant deux années, de 1940 à 1942, avant que je sois affecté à un atelier de sellerie de 1942 à 1944. Mais bien que séparés le jour, nous avons continué à nous voir, en particulier chez lui où des voisins musiciens jouaient du violon, ce qui adoucissait un peu nos pénibles journées.

Alex me retrouvera miraculeusement quatre ans après ma libération, en Israël, chacun étant convaincu que l'autre était mort... Nos deux familles sont, depuis, toujours restées très liées, toutes générations confondues. Quant à Alex, il est devenu un entomologiste de renom.

Auparavant, nous étions une famille aisée. À ce titre, mon père s'est rapidement vu convoquer au bureau de la police criminelle allemande, la Kripo*, spécialisée dans la « récupération » des biens des Juifs, bijoux, or ou devises… Mais nous n'avons pu leur livrer qu'une alliance et deux montres, ce que mes parents avaient sur eux lorsque nous avons été forcés de quitter la maison. Mon père avait donné le reste en guise de pot-de-vin pour récupérer les photos, et ses associés s'étaient partagé l'usine et l'ensemble de ses biens. Je me souviens que les nazis l'ont retenu dix jours, avant de le relâcher dans un état épouvantable, le visage et le corps tuméfiés.

J'ai rêvé il y a quelques années – et je ne rêve pas souvent de lui – que la police revenait le chercher un matin et le ramenait le soir même, sans qu'il ait été torturé. Un fantasme qui m'octroie sans doute le pouvoir de le protéger.

Ma mère savait qu'elle ne survivrait pas. À cause de la mort de mon frère, bien sûr, mais aussi parce que depuis 1940, nous n'avions plus de nouvelles du reste de la famille. Ses parents avaient été déportés depuis Strykow jusqu'au ghetto de Varsovie. On avait appris par le courrier qui circulait sporadiquement jusqu'en 1941 que les nazis avaient arraché la barbe

* Abréviation de *Kriminalpolizei*.

de mon grand-père et obligé ma tante à déshabiller dans le froid ma petite-cousine pour la fouiller. Celle-ci, encore bébé, était morte peu après d'une pneumonie. Lorsqu'on voyait ce qui se passait dans le ghetto de Lodz, il était aisé d'imaginer ce qui se passait dans celui de Varsovie.

Le 7 janvier 1942, jour de mes 13 ans, en dépit d'un quotidien de plus en plus dégradé, mes parents se sont arrangés pour fêter ma bar-mitzvah. C'était aussi une gageure car nous avions interdiction de nous réunir à plus de trois personnes alors qu'il faut dix hommes pour la prière. Cependant, il existait dans le ghetto des endroits secrets aménagés pour tenir lieu de synagogues clandestines. Une ou deux personnes étaient désignées pendant la prière pour faire le guet au cas où la police du ghetto – les hommes de Rumkowski – passerait. Mon père m'a trouvé des phylactères et ma mère a brodé un petit sac bleu, et j'ai pu bénéficier d'une préparation sommaire.

Le jour de la cérémonie, elle m'a pris sur ses genoux pour me parler. Sans le savoir, elle m'a fait le plus beau des cadeaux, car ce sont les mots qu'elle a prononcés ce jour-là qui m'ont donné la force de résister aux épreuves de la guerre. « La mort de ton frère est une douleur dont je ne guérirai jamais, m'a-t-elle dit, mais sache que quand on meurt, on ne meurt que pour soi-même. Ton frère est mort pour lui, il est mort à la possibilité de la vie qu'il avait devant lui. Moi, je ne survivrai pas à cette guerre, ton père non plus, et ta sœur est très malade. Tu dois tout faire pour rester en vie, essayer de retrouver mes frères à Paris et leur raconter ce qui nous est arrivé. » Ces paroles, je me les suis remémorées constamment, à chaque coup dur. Ce qui comptait, dans les camps, ce n'était pas tant l'endurance physique que la résistance morale ; les précieuses paroles de ma mère étaient mon seul bien et elles m'ont sauvé la vie.

En septembre 1942, les nazis décident d'éliminer tous les « improductifs » : les petits enfants, les personnes âgées et les malades sont arrêtés à l'issue de grandes rafles et emmenés au camp d'extermination de Chelmno.

Je me souviens des affiches annonçant que les familles devaient se séparer de leurs enfants de moins de 10 ans. Au début, c'était prétendument volontaire, les mères ont donc tout naturellement refusé d'obtempérer. Alors les nazis sont venus chercher les petits de force pour les jeter dans des charrettes à cheval… Plus tard, j'ai su que 15 000 enfants ainsi arrachés à leurs parents avaient été gazés à Chelmno.

Lorsque les nazis ont investi notre immeuble et ont fait descendre tous les habitants dans la cour, j'ai ordonné à ma sœur de ne pas obéir, de se cacher sous

le lit, car je savais que si elle faisait une crise d'épilepsie devant eux, elle serait abattue sur-le-champ.
Lorsque les nazis m'ont demandé mon âge – 13 ans –,
ils m'ont dit que je pouvais rester pour aller travailler.
Quant à mes parents, qui étaient âgés et visiblement
inaptes au travail, ils ont été sortis de l'immeuble
pour monter dans le camion qui stationnait devant
la porte. Moi, j'avais du mal à me séparer d'eux, et
je suis sorti pour les rejoindre. Mais en pensant à ma
sœur, restée seule, j'ai hésité à la quitter. Constatant
que le nazi n'avait pas l'attention fixée sur le camion,
je me suis approché lentement de mes parents qui
se trouvaient à l'arrière, et j'ai profité d'un moment
d'inattention des gardiens pour les tirer de là et les
faire entrer dans l'immeuble le plus proche. Ces
quelques secondes imprévisibles, miraculeuses, leur
ont permis de vivre encore deux ans, dans la clan-
destinité et le dénuement le plus total.

Officiellement, à l'automne 1942, ceux qui restaient
dans le ghetto étaient considérés comme aptes au
travail. Les autres, ceux qui étaient présents mais
cachés, comme mes parents et ma sœur, n'avaient
plus d'existence légale. À ce titre, ils n'avaient plus
droit à aucune nourriture. Alors pour survivre, plus
que jamais, il fallait se débrouiller. Les petites choses
devenaient vitales, tels ces débris de nourriture ou ces
rations de soupe claire que je m'arrangeais toujours

pour apporter en cachette à ma famille, grâce à des actes de solidarité.

Ainsi au travail, notre bienfaitrice était une amie de mon frère, au courant de la situation, et qui distribuait la soupe. Lorsque mon tour arrivait, elle faisait semblant de prendre mon ticket et me servait une louchée, que je m'empressais d'aller verser dans la marmite que j'emportais le matin, dissimulée au fond d'un sac. Puis je faisais à nouveau la queue. Et ainsi de suite, par trois fois. À la fin de la journée, nous avions donc ce bouillon, agrémenté d'épluchures de pommes de terre qu'une amie de ma mère lui faisait passer et avec lesquelles elle confectionnait aussi des *latkes**. C'est cette nécessité de s'occuper de nous au moins *a minima* qui a permis à ma mère de sortir un peu de la torpeur dans laquelle la mort d'Avram l'avait plongée.

Ce régime de souffrance physique et psychique, d'isolement, de néant, était extrêmement difficile à supporter. Le ghetto était bouclé, entouré de murs et de barbelés qui avaient poussé du jour au lendemain – selon la politique habituelle des nazis consistant à ne jamais prévenir de quoi que ce soit pour durcir nos conditions de vie par surprise –, et contrairement à ce qui se passait à Varsovie, on ne disposait pas d'égouts

---

* Galettes de pommes de terre râpées.

pour communiquer avec l'extérieur. Des bruits couraient qu'à Chelmno, il y avait des camions qui ne bougeaient pas mais dont les moteurs tournaient jour et nuit. Pourquoi restaient-ils immobiles ? Personne n'avait la réponse et nous ne cherchions pas plus loin. C'est plus tard que nous avons appris qu'il s'agissait des premières chambres à gaz.

À l'usine, on ramenait des masses de vêtements souillés, tachés de sang, de boue que nous devions restaurer, recycler. Parfois, des personnes reconnaissaient des vêtements ayant appartenu à leurs proches... Mais si quelqu'un avançait l'idée que leurs propriétaires avaient peut-être été exécutés, les autres rétorquaient : « Mais non, il s'agit de vêtements abandonnés au moment des regroupements dans les grands centres ou laissés dans les villages. » Nous ne pouvions pas, nous ne voulions pas affronter la vérité.

À partir de 1943, et jusqu'en août 1944, ma mère s'est un peu ouverte, elle a commencé à nous parler du passé de la famille, de mes grands-parents, de sa sœur et de la maison. Des histoires que je ne connaissais pas et dont j'ai pu vérifier la véracité après la Libération.

Pendant ce temps, les conditions de vie, l'hygiène ne cessaient de se détériorer. D'année en année, les gens devenaient toujours plus faméliques, dénutris, déguenillés, malades. La population très affaiblie du ghetto était décimée par la tuberculose, le typhus et la dysenterie. Des êtres à bout de forces devaient charger les cadavres qui jonchaient les rues sur des charrettes à bras pour les emmener au cimetière.

Août 1944 : à l'approche des armées soviétiques par l'Est, les nazis décident de liquider le ghetto et les camps de travail pour les transférer en Allemagne où, prétendent-ils, nos conditions de vie seraient meilleures. Mensonge délibéré, comme toujours, pour prévenir toute tentative de rébellion.

C'est ainsi que nous nous sommes rendus à la gare, confiants, pour nous retrouver aussitôt confinés dans des wagons à bestiaux fermés, dans la chaleur écrasante de l'été. Entassés tous âges confondus (hormis les enfants, qui avaient été exterminés en 1942), nous avons voyagé trois jours avec une minuscule lucarne comme unique source d'air, sans hygiène, ni ravitaillement, contraints de faire nos besoins sur place. Puis nous sommes arrivés à Auschwitz-Birkenau.

À la descente du train, dans ce climat d'une violence indescriptible destinée à nous terroriser et à nous rendre incapables de réagir, je me suis retrouvé définitivement séparé de mes parents. J'avais 15 ans.

Deuxième partie
Survivre

« Le seul but de chacun
est de s'empêcher de mourir. »

Robert Antelme*

---

* *L'espèce humaine*, Gallimard, 1978.

À la sortie du train, des commandos de déportés en habits rayés nous recevaient et étaient chargés de prendre nos affaires avant de nous diriger vers la sélection. C'est à deux de ces hommes que je dois ma survie. Me voyant descendre du wagon, ils se sont approchés pour me chuchoter que je devais absolument prétendre avoir 17 ans. Lorsque j'ai annoncé cet âge au SS, celui-ci m'a scruté, sceptique. Pour éprouver ma résistance, il m'a donné un coup de poing dans le torse. Je ne suis pas tombé. J'étais certes petit, même pour mon âge véritable, mais j'avais l'air solide. Sur la rampe de sélection, un officier médecin nazi dirigeait du pouce, à gauche ou à droite, les nouveaux arrivants qui défilaient devant lui : ceux qui paraissaient âgés, handicapés ou trop affaiblis, ainsi que les femmes

chargées d'enfants, partaient à gauche, ceux qui sem-
blaient aptes au travail étaient orientés à droite.

À ma grande surprise, j'ai vu ma sœur partir du
même côté que moi : elle, que ses violentes crises
d'épilepsie avaient privée d'existence légale durant
ces deux terribles dernières années dans le ghetto, se
trouvait soudain, à l'arrivée à Auschwitz, considérée
comme apte au travail. Je l'ai aussitôt perdue de vue
et j'ai dû attendre la fin de la guerre pour reconstituer
son parcours.

Mes parents sont partis de l'autre côté. Il n'a pas
fallu longtemps pour que je sache ce qu'il était advenu
d'eux. « Tu sens l'odeur ? Tes parents sont déjà pro-
bablement dans la fumée de la cheminée des fours
crématoires que tu vois là-bas », m'a-t-on expliqué.

Ainsi, après quatre années sans la moindre infor-
mation, dans un ghetto fermé et isolé du monde où
nous ne pouvions que spéculer sur le sort de nos
proches, il m'a suffi de quelques instants, sur la
rampe de sélection d'Auschwitz, pour savoir quel
serait notre sort. Le mien et celui de ma sœur, celui
de mes parents : le travail ou la mort.

Un autre déporté a tatoué, avec une brutalité
inouïe, des chiffres énormes sur mon bras chétif. L'un

d'eux s'est infecté et m'a fait souffrir le martyre pendant plusieurs jours.

Ce tatouage était une particularité d'Auschwitz, signifiant qu'on avait la « chance » d'avoir été sélectionné pour être affecté à des commandos de travail. Ce matricule gravé dans notre chair représentait une première étape, notre passeport pour la survie. Aussi longtemps qu'on n'en disposait pas, on risquait encore d'être envoyé à la chambre à gaz à chaque instant. Une fois qu'on était tatoué, si l'on mourait, c'était de faim, d'épuisement ou par la volonté d'un SS, mais nous échappions à la chambre à gaz.

Au début, je me suis senti coupable d'avoir bénéficié de ce numéro alors que mes parents en avaient été privés. J'ai même crié « Je veux les rejoindre ! » Je repensais de façon obsédante à ce moment décisif. Je me disais que si j'avais dit la vérité sur mon âge, je serais parti avec eux. Je les aurais accompagnés, nous aurions péri ensemble et tout aurait été plus facile pour eux comme pour moi. J'étais tiraillé entre deux pensées contradictoires, entre un sentiment de trahison à l'égard de mes parents, que je n'avais pas su sauver ni même accompagner, et la fidélité aux paroles de ma mère qui, le soir de mes 13 ans, m'avait enjoint de survivre. Finalement, ce sont les mots de maman, sa croyance irréductible dans ma faculté de survivre, qui l'ont emporté, ces quelques phrases qui m'ont permis de mobiliser toutes mes défenses, de concentrer mes efforts sur ma capacité de résistance. D'une certaine façon, c'est en obéissant à ma mère que j'ai pu survivre.

Chaque matin, aux aurores, nous étions comptés et recomptés, au cours d'une séance interminable. Puis nous allions casser des cailloux que d'autres détenus transportaient. Nous ne connaissions pas la finalité de ce travail, et du reste, y en avait-il une ? Au retour, le soir, nous étions à nouveau comptés, pour voir si quelqu'un manquait. Après une journée de travail, surtout en été quand il faisait très chaud et en hiver par − 10 °C, rester debout pendant des heures représentait une vraie torture. Les SS étaient à la fois méticuleux et sadiques, et il leur suffisait de se tromper d'une rangée pour tout recommencer, parfois trois ou quatre fois. Certains prisonniers tombaient d'épuisement ; ceux-là étaient exécutés sur-le-champ. Alors quand on sentait qu'un voisin commençait à flancher, on le soutenait pour qu'il reste debout.

Une nuit, quelqu'un a profité de mon sommeil pour me voler mes chaussures. Je les avais pourtant placées sous ma tête, mais à mon réveil, elles avaient disparu. Heureusement pour moi, nous étions en été, car l'hiver, ce larcin aurait signifié pour moi une condamnation à mort. Cependant, la chaleur était telle en ce mois d'août 1944 que n'importe quoi aurait pu faire l'affaire – c'est-à-dire me permettre au moins de me rendre à l'appel et au travail. Deux déportés m'ont apporté chacun une chaussure provenant de paires différentes, que j'ai entourées de chiffons pour les maintenir à mes pieds, et j'ai pu me présenter à l'appel.

À Auschwitz, la mort était partout, dans les détails qui nous paraissent en temps normal les plus anodins. Ainsi, un simple pou pouvait-il aussi constituer un arrêt de mort. Et si ça n'allait pas jusque-là, on subissait une désinfection totale, une vérification générale parce que les parasites étaient des vecteurs de maladies et d'épidémies. Alors chaque soir, on s'épouillait les uns les autres. C'était effrayant.

Bien sûr, les gens mouraient de faim, de dénutrition, mais aussi de maladies, faute d'une hygiène la plus élémentaire en l'absence de savon.

Comme tout le monde, j'ai fini par attraper l'une de ces maladies infectieuses, sans doute le typhus qui sévissait dans le camp. Plus que le mal, c'était le traitement que nous redoutions, car Auschwitz comptait deux infirmeries : l'une, où exerçaient des déportés médecins, censée soigner les prisonniers malades, l'autre – la plus terrifiante –, où les médecins nazis pratiquaient leurs expériences sur les déportés qui leur étaient envoyés. Par chance, j'ai été transféré dans la première, où le pire qui pouvait m'arriver était d'être déclaré inapte au travail, ce qui m'aurait valu la mort, mais dans de moindres tourments physiques. J'étais terrifié, et je songeais à la promesse de vivre faite à ma mère, à laquelle, après tant d'efforts, je craignais de ne pouvoir être fidèle.

J'y ai fait la rencontre déterminante – à plusieurs titres, comme on le verra par la suite – d'un médecin allemand, déporté comme moi, affublé du triangle violet qui le désignait comme antinazi et témoin de Jéhovah (donc refusant le service militaire), qui m'a réhydraté toutes les demi-heures et encouragé à ne pas me laisser aller. C'était si rare, à Auschwitz, quelqu'un qui vous regarde et fasse attention à vous. Je ne l'ai jamais oublié : en me soignant et en m'accordant cette humanité dont nous étions si cruellement privés, il m'a permis de vivre, d'avoir un avenir, dans lequel son souvenir jouerait plus tard un rôle considérable.

Bien sûr, il y avait des évasions, mais la cavale ne durait jamais bien longtemps. Décharnés, déguenillés et affublés d'un numéro indélébile, la grande majorité des évadés étaient aussitôt repérés comme tels à l'extérieur par la population polonaise et allemande, qui ne se privait pas de les dénoncer. Ramenés au camp, les fuyards étaient exécutés par pendaison, pour l'exemple, devant tous les détenus de leur bloc au garde-à-vous.

En revanche, on comptait peu de suicides à Auschwitz. Il faut dire qu'il fallait beaucoup de courage pour se lancer sur les barbelés sous très haute tension. Seule une petite barrière de sécurité avec pancartes et têtes de mort nous en séparait, il suffisait de l'enjamber pour être attiré par le courant. Inutile de s'y jeter ! Les rares candidats étaient littéralement happés. Encore fallait-il cependant qu'ils arrivent jusque-là, car ceux qui s'écartaient du rang étaient rapidement repérés depuis les miradors, et mitraillés avant même d'atteindre la barrière. L'autre raison pour laquelle on comptait si peu de suicides, c'était que pour la plupart des Juifs, vivre signifiait résister à la loi des nazis. Notre survie représentait une affirmation du droit des Juifs à la vie ; se suicider était au contraire collaborer à notre propre extermination.

L'après-midi du 18 janvier 1945, dans un froid effroyable, les SS sont entrés dans notre baraquement : « Le camp est liquidé, prenez vos affaires et sortez », nous ont-ils ordonné. Alors les détenus ont commencé à rassembler le peu de biens personnels qui leur restait : couverture rêche, gamelle, cuillère ou couteau de fortune fabriqué avec les restes d'une boîte de conserve rouillée… Personne ne savait où

nous allions être transférés, et je ne pouvais m'empêcher de repenser à l'évacuation mensongère du ghetto
de Lodz qui nous avait menés, mes parents, ma sœur
et moi, à Auschwitz.

Il était 5 heures du soir. Sans attendre, on nous
a alignés par rangées de cinq prisonniers, convoyés,
de part et d'autre, par des SS à cheval armés de
matraques et de fusils. Et nous avons commencé
à marcher dans le froid et la nuit de l'hiver. Nos
colonnes s'étiraient à perte de vue, sur des kilomètres.
La moindre faiblesse était sanctionnée par une exécu-
tion à bout portant, par le fusil du SS situé du côté
du malheureux qui flanchait. Quiconque ralentissait
le pas ou s'écartait du rang était abattu sur place.
Les nazis ne laissaient que des cadavres au bord du
chemin.

Au début, je me suis dit que nous allions faire un
peu de route à pied, puis que nous rejoindrions sans
doute un train ou un camion qui nous emmènerait
à notre destination, quelle qu'elle soit. Mais nous
avons continué à marcher, vêtus seulement de nos
uniformes légers de détenus qui ne nous protégeaient
en rien du froid glacial, de ces – 20 °C qui nous mor-
daient la peau. Vers minuit, les SS nous ont dirigés
vers une grange, qu'ils ont encerclée. Tout est resté
gravé dans ma mémoire. Ils nous ont laissés nous
reposer quelques heures sans nous donner à manger,

ni à boire : il ne nous restait que la neige pour nous sustenter. Au petit matin, nous avons été forcés de reprendre la marche.

Je ne me rappelle plus combien de jours ce manège inhumain a pu durer. Mais je n'ai pas oublié les cadavres, des cadavres partout, de chaque côté de la route. Je savais que si je montrais le moindre signe de faiblesse, si je trébuchais ou si je tombais, je ferais partie de cette cohorte de corps sans vie qui jonchaient notre interminable chemin. Alors j'ai redoublé d'efforts ; j'ai tenu bon et continué de marcher.

Je me souviens de cet homme titubant, près de tomber, qui s'obstinait pourtant à avancer, protégé sous sa lourde couverture. Je lui ai dit : « Si tu veux continuer à marcher, jette cette couverture ! » Il m'a répondu : « Si je la jette, je mourrai de froid ! » Sans entrer dans la discussion, je me suis contenté de la lui arracher pour le soulager et lui permettre de continuer. Peut-être n'est-il pas excessif, en dépit de sa brutalité, d'interpréter mon geste comme une forme d'empathie envers cet homme à bout de forces.

Un jour, enfin, le peu de survivants de cette « marche de la mort » que nous étions sommes arrivés à la gare de Wroclaw, où d'autres SS nous attendaient. De force, sous les coups de matraque et les hurlements des hommes et des chiens, on nous a entassés dans des wagons métalliques normalement destinés au transport du gravier, du sable ou des briques, ouverts et sans toit. Entassés à plus de cent par wagon, nous nous sommes aussitôt jetés sur la neige qui tapissait le sol, la seule « nourriture » dont nous disposions, qui nous brûlait la bouche et l'estomac. Très vite, il n'en est plus resté.

La neige fondait au contact de nos corps et avec le froid, nos vêtements imprégnés d'eau gelaient, devenant cassants comme du verre, nous blessant au moindre mouvement, effroyable torture qui nous forçait à rester figés comme des statues de glace. Les gens mouraient de froid et de soif, au point que nous ne savions plus distinguer les vivants des morts. Nous n'étions plus conscients de rien. Après trois jours côte à côte avec une personne raide et froide, on en vient à se demander si l'on n'est pas soi-même l'un de ces cadavres...

Au-dessus de chacun de ces wagons trônait un SS avec sa mitraillette, sur un siège spécialement aménagé, emmitouflé dans de la fourrure avec un thermos de liquide chaud à sa disposition. Dès qu'un détenu se risquait à lever la tête, ou tentait d'attraper le rebord pour se soulever et regarder dehors, le garde hurlait un avertissement. Si l'ordre n'était pas suivi d'effet, il tirait. Certains détenus observaient le garde puis, lorsque celui-ci semblait s'être endormi, se hissaient, aidés par des camarades, et basculaient de l'autre côté. Mais les autres SS restés aux aguets n'étaient pas longs à abattre le fuyard. Ainsi lorsque, sporadiquement, nous entendions des tirs, savions-nous qu'un de nos camarades avait essayé de s'échapper. Toutes les tentatives étaient vouées à l'échec.

Un matin, de bonne heure, le train s'est arrêté sous un pont où circulaient des civils, à pied ou à bicyclette, qui nous jetaient à peine un coup d'œil avant de s'enfuir en apercevant les cadavres entassés au fond des wagons. Nous nous sommes mis à les implorer : « Wasser ! Wasser ! » Nous mourions de soif. Quelques minutes plus tard, un passant qui nous avait entendus est revenu avec un seau au bout d'une corde, qu'il a descendu jusqu'au wagon. Quand le récipient est arrivé à notre hauteur, cinq ou six hommes se sont précipités pour y boire, chacun le tirant et l'inclinant vers lui, tandis que son contenu se répandait sur le sol du wagon. J'observais la scène depuis le coin où j'étais assis et j'ai soudain entendu l'homme, qui nous regardait depuis le pont, se mettre à nous injurier en constatant que toute l'eau avait été renversée. Dans sa colère, entre deux insultes terriblement ordurières, il a jeté sa corde sur nous et s'en est allé.

Après ces trois jours passés sous la neige, à découvert, les SS nous ont enfin extirpés de ce train de l'enfer, trempés et gelés, vivants et morts imbriqués, avec une violence que les mots peinent à décrire. Nous étions arrivés à Buchenwald. Moins de dix jours après notre départ et cette marche dantesque, le 27 janvier 1945, Auschwitz serait libéré.

Dans l'état d'épuisement où j'étais, et voyant la haute cheminée qui se dressait au-dessus du crématoire, j'ai aussitôt cru que nous nous trouvions à nouveau dans un camp d'extermination.

Les détenus qui nous recevaient ont tenté de nous rassurer en nous expliquant que Buchenwald était un camp de travail, érigé pour les opposants au régime nazi dès 1937. Plus généralement, ils s'acquittaient de leur tâche avec une certaine humanité, notamment à l'égard des jeunes, qu'ils s'efforçaient de tranquilliser. Certains nous apportaient même des morceaux de pain.

Je ne parvenais cependant pas à les croire, et, lorsque, une fois déshabillés et désinfectés, on nous a dirigés vers les douches, je n'ai pas douté une seconde qu'il s'agissait d'une chambre à gaz. J'ai pensé à maman, et à ma grande surprise, j'ai senti de l'eau tiède qui coulait du pommeau. Alors ainsi, c'était peut-être vrai : nous étions bel et bien dans un camp de travail.

En sortant de la douche, on nous a donné des vêtements portant un numéro (j'étais le 119978) ainsi que
le triangle rouge des déportés politiques et le « P »
correspondant à la Pologne, mon pays d'origine. Au
moment de nous rhabiller, dans un baraquement
du « petit camp* », j'ai aperçu à mes côtés un adolescent de mon âge, mais bien plus chétif que moi,
qui tenait des deux mains son pantalon, beaucoup
trop large pour sa frêle corpulence – il va de soi que
nous n'avions pas le choix de la taille et que nous
devions enfiler, sans broncher, ce costume fait de
bric et de broc. Or, par miracle, j'avais hérité d'un
ensemble, certes hétéroclite comme tous les autres,
mais pourvu d'une ceinture, et j'avais ramassé un
morceau de corde sous la douche. Ce garçon, que
je ne connaissais pas, a alors écarté son pantalon à
la taille pour me montrer que deux personnes pour-
raient largement y tenir. J'ai aussitôt compris que cela
risquait de signer son arrêt de mort : faute de pouvoir
se servir de ses deux mains pour travailler, il ne tarde-
rait pas à être fusillé. Affublés de ce nouvel uniforme
complétant, avec le tatouage, notre panoplie d'êtres

---

* D'abord zone de quarantaine, séparée du reste du camp
par des barbelés et destinée à abriter les nouveaux arrivants en
attente d'un transfert, le « petit camp » reçoit, à partir de l'hiver
1944-1945, les prisonniers évacués d'Auschwitz et des autres
camps de l'Est. L'entassement des déportés dans un état de faiblesse extrême et l'absence d'hygiène la plus élémentaire en font
un véritable mouroir.

sans identité, nous nous sommes retrouvés, lui et moi, dans le froid glacial de l'hiver. Sans hésiter, j'ai ôté ma ceinture et la lui ai tendue d'un geste déterminé. Il l'a acceptée avec soulagement.

Plus tard, lorsque je suis rentré des camps, je me suis souvent demandé pourquoi j'avais impulsivement choisi de lui offrir ma ceinture – gage de robustesse et donc de sécurité pour ce garçon –, et de conserver le cordon, plus aléatoire. Je dois admettre que l'idée de garder pour moi la ceinture ne m'avait même pas effleuré l'esprit, et que la seule explication que j'ai fini par trouver à ce geste est qu'il m'avait été inspiré par la générosité de ma mère, cette constante attention aux autres, aux plus faibles, qu'elle n'avait cessé de nous inculquer. Mon père n'est pas en reste dans mon esprit, lui qui avait coutume d'accueillir à sa table les plus démunis.

La ceinture a permis à A. de travailler jusqu'à la libération de Buchenwald, et a scellé notre indestructible amitié. Par la suite, il m'a avoué à plusieurs reprises ne pas avoir compris pourquoi à l'époque je ne lui avais pas demandé quelque chose en échange, comme cela se pratiquait entre les déportés, par la seule nécessité de survivre.

Quant à la ceinture elle-même... Malgré mes demandes réitérées, il n'a jamais accepté de me la

rendre pour que je puisse la transmettre à ma des-
cendance. Il m'assure néanmoins m'avoir offert pour
un anniversaire, quelque cinquante ans plus tard,
une somptueuse ceinture de chez Hermès dont je ne
garde aucun souvenir, et que j'ai dû fortuitement (ou
opportunément) égarer, tant elle ne pouvait avoir
pour moi la même portée symbolique que celle qui
nous liait depuis le camp. La photo de cette ceinture
(dont A. refuse toujours obstinément de se séparer)
se trouve exposée dans l'une des vitrines du musée
de Buchenwald. D'une certaine façon, elle représente
la preuve que malgré le projet des nazis de nous dés-
humaniser, nous restions, envers et contre tout, et en
dépit de notre extrême jeunesse, des êtres humains
capables d'empathie et de solidarité.

Comme les déportés d'Auschwitz et d'autres
camps arrivaient à flux tendu à Buchenwald, il a été
décidé d'improviser un complexe de baraques dans
les anciennes écuries. On nous a parqués dans le
bloc 52, situé dans ce « petit camp », où la vie était
particulièrement dure et la mortalité très élevée. Nous
dormions sur des châlits à trois ou quatre étages, où
cinquante centimètres seulement nous séparaient de la
personne qui se trouvait au-dessus. Malgré ma petite
taille, il m'était impossible de m'asseoir ou même
de me relever sans me cogner la tête. Je ne pouvais
que rester couché ou bien sortir du bloc –, mais cela
impliquait de passer par dessus le corps de nombreux

camarades, qui n'appréciaient pas et m'empêchaient d'avancer ou me battaient.

L'une des conséquences les plus sordides de cet entassement était que quand il nous fallait faire nos besoins, plutôt que de sortir, on déféquait ou on urinait sur place. Les déjections traversaient les planches du châlit et finissaient sur la personne qui se trouvait au-dessous. Notre obsession consistait donc à accéder aux grabats les plus élevés.

Au cours de la marche depuis Auschwitz et du trajet en train, mes pieds avaient gelé, faisant de l'appel obligatoire une véritable torture. Je souffrais tant que je me suis résolu à me rendre à l'infirmerie, dont on savait qu'on avait toutes les chances de ne pas ressortir vivant. Le médecin, un déporté d'origine hongroise, m'a fait comprendre qu'il n'y avait rien à faire et, par des gestes éloquents, qu'il ne restait qu'à me couper les avant-pieds, avec les orteils. J'ai refusé tout net car je savais que cela signifiait la mort, et je me suis enfui en marchant péniblement. De retour au bloc, j'ai raconté cela à certains camarades. L'un d'eux, un Russe, m'a alors recommandé, pour les « récupérer », de tremper mes pieds dans de l'eau chaude puis dans de l'eau froide. Les autres se sont immédiatement mobilisés pour dénicher deux grosses boîtes de conserve ; ils ont rempli l'une de neige et ont fait chauffer l'autre sur le poêle du bloc. Grâce à ce traitement, l'état de mes pieds s'est rapidement amélioré et j'ai pu me rendre à l'appel. Si aujourd'hui je suis en vie et sur mes deux pieds, c'est grâce à la solidarité de ces hommes.

À Buchenwald, les prisonniers politiques, en majorité des Allemands opposés au régime nazi et internés dès 1937, avaient progressivement supplanté les prisonniers de droit commun dans la hiérarchie du camp. Certains d'entre eux, qui travaillaient dans des usines à l'extérieur, avaient même, au fil du temps, sympathisé avec des civils, ingénieurs employés à la fabrication des engins majeurs de l'armement lourd allemand, notamment les fusées V3 et V5. C'est grâce à ces relations clandestines que des armes en pièces détachées ont pu être introduites dans le camp et qu'a pu s'organiser un mouvement de résistance interne* qui a abouti à la révolte du 11 avril 1945.

Ces hommes protégeaient les adolescents sans défense et les trois ou quatre enfants entrés en fraude que nous étions. Comme bien d'autres, grâce à leur intervention, j'ai échappé au travail obligatoire dans les sous-sols des usines d'armement nazies, dans des

---

* Le « Comité international clandestin » de Buchenwald, dont les représentants français étaient le colonel Frédéric-Henri Manhès et Marcel Paul, futur ministre communiste du premier gouvernement du général de Gaulle.

conditions que nos protecteurs jugeaient trop dures pour nous, étant donné notre état de délabrement.

C'est aussi grâce à eux que j'ai été sorti du petit camp et transféré, avec d'autres jeunes, dans le bloc 8 du grand camp où étaient regroupés les prisonniers politiques. Les baraques qui nous abritaient étaient entourées de barbelés dans le souci de nous protéger des agressions –, une attention comme nous n'en avions pas connu jusque-là.

Début avril, les SS ont ordonné à tous les Juifs du camp de se rassembler sur la place d'appel, sur laquelle donnait le baraquement où nous étions retranchés. J'ai compris que ça allait très mal dehors et qu'on allait certainement nous évacuer. Depuis quelques jours, en effet, j'avais remarqué que des avions survolaient le camp. Et puis des rumeurs avaient circulé sur un débarquement des alliés. Tant de choses avaient déjà été dites pour rien, mais nous espérions tout de même : sans qu'on puisse savoir s'il s'agissait des Russes ou des Américains, il était clair que le front se rapprochait. Cependant, depuis Auschwitz, je savais que chaque évacuation était le signe que la situation était certes difficile pour les Allemands, mais qu'elle le serait aussi indirectement pour les Juifs. Quand les SS ont voulu nous rassembler, je me suis donc promis de ne pas bouger. Comme pour confirmer mon intuition, Wilhelm Hammann, l'aîné de notre bloc*, nous a alors ordonné : « Restez à vos places, quoi qu'il arrive, ne sortez sous aucun prétexte ! »

Lorsqu'est venu le tour de notre bloc et que les SS ont voulu faire sortir les Juifs pour l'appel, Hammann a répondu : « Il n'y a pas de Juifs ici. » L'un des SS s'est alors approché d'un très jeune garçon, qu'il a attrapé par le col et secoué avec une force inouïe en hurlant : « Toi, tu es Juif ou non ? » Complètement perdu, le petit a répondu oui. Alors le SS s'est tourné vers Hammann : « Vous dites qu'il n'y a pas de Juifs ici ? » Aussitôt, celui-ci s'est précipité sur l'enfant et l'a repoussé dans le rang avec ses camarades en lui lançant : « Mais tu m'avais bien dit que tu n'étais pas Juif ! » L'autre SS a alors dit à son acolyte de se calmer, et ils sont partis. Nous avons tous compris qu'Hammann avait risqué sa vie pour nous : les SS auraient parfaitement pu nous embarquer, et lui avec.

Au matin du 11 avril 1945, nous avons vu les SS détaler tels des rats. Certains ont même été faits prisonniers par les déportés qui avaient pris le contrôle du camp avant l'arrivée des Américains, dans l'après-midi.

---

* Enseignant, communiste, opposant de la première heure au régime nazi, Wilhelm Hammann sera honoré en 1984 du titre de Juste parmi les Nations par la fondation Yad Vashem pour avoir sauvé de nombreux enfants juifs à Buchenwald.

Au beau milieu du camp trônait un camion rempli de prisonniers allemands. Les militaires américains se sont approchés de nous et ont tendu un fusil-mitrailleur à l'un de mes copains en disant : « Si tu veux, tu peux tirer dedans. » Mon camarade a rejeté la proposition. Cela a été son premier acte de liberté : refuser de s'identifier aux rôles de victimes ou de bourreaux définis et assignés par les SS. S'interdire de répondre aux forces destructrices par la destruction, résister à la tentation de s'identifier aux SS.

Troisième partie
Revivre

« Il faut croire aux hommes
malgré les hommes. »

Élie Wiesel

Les Américains se sont occupés de nous. Ils nous ont donné du chocolat, des cigarettes, des vivres. Nos organismes sous-alimentés depuis tant d'années n'étaient plus habitués à ces quantités, et nous souffrions tous de coliques ; cet excès brutal de nourriture a même fait quelques morts. Les déportés de différentes nationalités européennes qui étaient internés pour des faits politiques (résistants, antinazis…) ont été très vite rapatriés dans leurs pays respectifs, où ils ont pu retrouver leur famille et leurs biens. Quant à nous, nous savions que nos proches avaient été assassinés, et nos biens pillés par les nazis et leurs comparses de l'Europe de l'Est. Nous étions tous des orphelins. Quelle raison aurions-nous eu de vouloir regagner notre pays d'origine ? Nous étions environ 900 enfants et adolescents en déshérence dans ce camp, livrés à nous-mêmes, qui refusions de bouger.

Des communistes polonais sont venus nous faire l'apologie du patriotisme et nous inciter à rentrer au pays, avec la promesse qu'on y prendrait soin de nous. La plupart des Juifs leur ont réservé un accueil mitigé et n'ont pas voulu embarquer dans le camion qu'ils avaient prévu à cet effet. Ces hommes ardents et convaincus ont semblé très surpris de cette réaction négative. Mais nous, nous n'avions aucune envie de retourner dans ce pays couvert des cendres de nos familles. En Pologne, nous avions tout perdu, et il nous aurait été impossible, impensable d'y réapprendre à mener une « vie normale ». De fait, l'antisémitisme a largement persisté après la guerre dans le pays et les Juifs qui se sont laissé convaincre d'y retourner se sont vite retrouvés en butte à une grande hostilité. Pour ma part, j'ai choisi d'émigrer en France.

Tandis que les autres détenus quittaient peu à peu Buchenwald, nous restions là, impatients de partir à notre tour. Faute de savoir que faire de nous, et comme il était hors de question de nous confiner dans nos baraquements, les Américains nous ont logés dans les casernes qu'avaient occupées les SS, à l'extérieur du camp. Des bâtiments en dur de deux étages avec de vrais lits pour une personne, des douches, des w.-c.

La vie matérielle était assurée par les dons. Nous n'avions guère d'activités organisées, et notre seule obsession était de quitter cet endroit sinistre pour nous rendre à Weimar, la ville la plus proche. Tous les moyens étaient bons : nous faisions le mur et y allions à pied, en stop ou sur des vélos volés. Entre nous régnait une complicité, mais nous évitions de trop revenir sur notre récent passé… Nous étions surtout dans cette attente interminable avec, pour la grande majorité d'entre nous, l'espoir de nous rendre en Palestine.

Au bout de trois longs mois, alors que nous désespérions de partir un jour et que nous nous voyions à nouveau finir notre existence dans ce camp, la situation s'est enfin débloquée. Le général de Gaulle, alors chef du gouvernement provisoire de la République française, sensibilisé par sa nièce Geneviève de Gaulle-Anthonioz, elle-même déportée en 1944 au camp de Ravensbrück, s'est proposé de recueillir 423 enfants et adolescents, dont il ferait des pupilles de la Nation. Malheureusement, il s'est alors heurté au diagnostic de certains hauts fonctionnaires, selon lesquels cela serait revenu à prendre en charge 423 « épaves humaines » qui mettraient « dix, vingt ans à mourir sur le compte de l'État français »… Ce sont donc les institutions juives, au premier rang desquelles l'Œuvre de secours aux enfants (OSE), qui assumèrent les frais de notre transfert et de notre accueil sur le territoire français. C'est ainsi – et par un heureux hasard qui a voulu que je me retrouve sur cette liste – que j'ai pu embarquer, avec 422 de mes camarades (parmi lesquels Élie Wiesel), dans un train pour la France, direction le préventorium d'Écouis, en Normandie, que le gouvernement français avait mis à la disposition de l'OSE.

Ce fut un voyage effrayant, une traversée de l'Allemagne dans un train délabré, circulant tant bien que mal sur des voies ferrées défoncées, contraint de s'arrêter toutes les trois heures pour faire des réparations. Nous, les gamins, profitions de ces pauses forcées pour descendre des wagons et tout détruire autour de nous. Le capitaine américain qui nous accompagnait n'en pouvait plus ; il nous suppliait de ne pas nous acharner sur les arbres : « Ce sont des arbres fruitiers nécessaires à la nourriture des gens », expliquait-il. Pauvres Allemands, malheureux parce qu'on cassait leurs branches d'arbres… Si on avait eu des armes, peut-être les aurait-on canardés, ces arbres… Arrivés à la frontière française, nous avons changé de train, et à Metz, nous avons été reçus en musique par des officiers et des infirmières de la Croix-Rouge, avec des bonbons et du chocolat. Partout où le train s'arrêtait, c'était la grande fiesta…

À Écouis, les éducateurs chargés de nous encadrer avaient préparé des pyjamas bleus pour les garçons et des chemises de nuit roses pour les filles. Outre le fait que notre contingent était exclusivement masculin, cette manière de nous vêtir comme des enfants nous a mis en rage, nous qui étions déjà presque tous des adolescents et qui sortions d'une traversée des enfers. Avaient-ils oublié que nous arrivions des camps ? Nos éducateurs, des jeunes gens pleins de bonne volonté, se trouvaient si démunis devant notre acharnement à ne faire que ce qui nous plaisait qu'ils ont fini par s'y résigner. Nous passions notre temps à nous moquer de leur naïveté. Mais jamais, même entre nous, nous n'évoquions nos pénibles souvenirs, dans une ultime tentative pour les tenir à distance et ne pas nous trouver happés dans le gouffre qui nous guettait. En ce qui me concerne, j'avais l'impression qu'il y avait derrière moi un énorme ravin, et que le moindre geste, le moindre regard, la moindre évocation d'un souvenir m'y précipiterait inéluctablement.

Ce qui préoccupait avant tout les rescapés, c'était de retrouver la trace de leur famille. Dès que les premières listes de survivants ont été établies par la Croix-Rouge, tout le monde s'est empressé de les consulter. Avec la nourriture (nous nous gavions parfois jusqu'au malaise), c'était notre principale obsession ; nous passions nos journées à chercher. Même ceux d'entre nous – les plus nombreux – qui avaient la certitude que leur famille ne comptait plus un seul survivant pour avoir assisté à la mort de leurs proches dans le ghetto ou à Auschwitz cherchaient. Ils cherchaient un nom auquel se raccrocher. Moi, j'ai cherché ma sœur parce que je pensais qu'il y avait une chance qu'elle ait survécu.

J'ai écrit mon nom, mon prénom et celui de mon oncle, le docteur Perel – ce frère de ma mère qui avait quitté la Pologne pour venir étudier la médecine en France grâce à mes parents – sur des bouts de papier, des « billets » du camp de Buchenwald*. Comme je ne parlais pas le français, je disais le nom de mon oncle et j'ajoutais « Hôpital Rothschild », car c'était là qu'il travaillait la dernière fois que nous avions passé ensemble des vacances d'été, en 1939. J'en ai distribué plusieurs, à tous ceux qui avaient l'air d'appartenir à la Croix-Rouge, à des infirmières, à des médecins militaires… mais aucune de mes « bouteilles à la mer » ne lui est jamais parvenue.

Je n'ai pas baissé les bras pour autant. Un jour, à Écouis, j'ai su que l'une de nos monitrices, qui parlait français, devait partir pour Paris. Je suis allé la trouver et je lui ai demandé de prendre contact avec mon oncle, à Rothschild. « Si tu n'y arrives pas, ce n'est pas la peine de revenir ! », ai-je ajouté, très déterminé. Lorsqu'elle est arrivée à Paris, elle a appelé l'hôpital. « Justement, il est de garde », lui a dit la standardiste. « Je vais vous le passer. » Quand

---

* Billets imprimés sur place et faisant office de « monnaie » au sein du camp.

elle a finalement pu lui parler, elle lui a dit : « Votre neveu Élie se trouve à Écouis, en Normandie. Il est arrivé du camp de Buchenwald. » Mon oncle a cru qu'elle faisait erreur sur le prénom, qu'il s'agissait certainement d'Avram, mon frère aîné. Comment moi, le petit dernier, aurais-je pu survivre ? Mais après avoir discuté avec la monitrice, il s'est rendu à l'évidence et a aussitôt demandé à un ami de le conduire à Écouis.

« Élie, viens voir, quelqu'un te demande ! » En courant, j'ai abandonné le groupe d'amis avec qui je jouais dans le parc du préventorium, et j'ai aperçu mon oncle qui m'attendait à l'entrée, vêtu d'un uniforme d'officier. Nous nous sommes jetés dans les bras l'un de l'autre, entourés d'enfants et d'éducateurs en larmes…

« Je t'emmène tout de suite avec moi à Paris », m'a dit mon oncle. Mais comme nous étions encore en quarantaine, il nous fallait l'autorisation du responsable, le capitaine Rosen. Dans le bureau de ce dernier, le ton est rapidement monté. Je ne comprenais pas ce que mon oncle et lui se disaient, mais je voyais bien qu'ils se disputaient. Lorsque j'ai demandé à mon oncle, en polonais, ce qu'il se passait, il s'est contenté de me répondre sèchement « laisse-moi faire », sans plus d'explications. Je me suis senti très humilié d'être ainsi traité comme un petit garçon, moi qui avais surmonté seul tant d'épreuves. Plus tard, j'ai su que le capitaine Rosen ne voulait pas me laisser partir à cause de la quarantaine. La conversation s'est envenimée au point qu'à un moment, mon oncle a dégainé son revolver (sans pour autant le pointer sur le capitaine Rosen car il n'avait jamais tiré une balle de sa vie) avant de le déposer sur la table. « Comment ça, des problèmes médicaux ? », a-t-il dit, rouge comme une pivoine. « Je suis médecin ! Je m'occuperai de tous les examens qu'il faudra pour mon neveu ! » Finalement, le capitaine Rosen a donné son accord et j'ai quitté Écouis pour Paris en compagnie de mon oncle.

Quand je lui ai dit que je lui trouvais mauvaise mine, celui-ci m'a regardé, stupéfait. Je venais de lui annoncer le sort de notre famille, et il m'avait appris que ma sœur était vivante. Elle se trouvait en Allemagne, mais il ignorait où exactement car la lettre qu'il avait reçue d'elle, directement à l'hôpital Rothschild, avait transité par au moins quatre personnes et ne mentionnait aucune adresse. « Je suis très malade, je suis hospitalisée, mais je suis vivante », avait-elle écrit, en polonais. C'était tout ce que nous savions, mais c'était l'essentiel : ma sœur était vivante.

À l'époque, des listes de survivants circulaient, indiquant leurs nom, prénom et ville d'origine. Nous passions nos journées à les compulser pour y trouver ma sœur, en vain. Nous avons fini par penser qu'elle était morte après la Libération, jusqu'à ce que mon oncle apprenne, grâce à deux jeunes femmes qu'il avait connues dans sa jeunesse à Strykow, que ma sœur était toujours hospitalisée en Allemagne, près de Bergen. En octobre 1945, nous avons pu la faire venir à Paris.

Très rapidement, elle a rencontré un homme qui avait perdu sa femme et ses deux enfants pendant la rafle du Vél' d'Hiv à Paris, en 1942, avec lequel elle s'est mariée et a eu un fils.

Pour ma part, je m'étais lancé à fond, d'instinct, dans l'apprentissage du français. Le foyer trilingue dans lequel j'ai vécu mes premières années avait accéléré ma capacité d'acquérir une langue, et j'ai appris le français en trois mois. L'accession à cette langue était une étape indispensable, à la fois pour rompre mon isolement et pour atteindre ce que je nommerais un point d'amnésie : c'est ainsi que j'ai oublié le polonais, que je l'ai éliminé, littéralement expulsé de ma tête.

Mais je ne souhaitais pas pour autant rester en France. D'abord parce que j'avais appris l'arrestation et la déportation de membres français de ma famille, la femme et les filles de mon autre oncle, par la police de Vichy. De fait, je ne voyais aucune différence entre la Pologne et la France. Je pensais que les Français étaient tous antisémites et je ne voulais en aucune façon rester en Europe. Je voyais des collabos et des nazis partout. Dans la rue, dans le métro, je me disais : « Celui-là, c'est un collabo, celui-là a déporté ma tante, celui-là a dénoncé ma cousine… » C'était une véritable obsession.

Et puis j'avais autre chose en tête : je voulais partir en Palestine, réaliser le rêve d'Avram, mon frère assassiné par les nazis – processus à l'époque inconscient, dont le sens ne m'est apparu comme une évidence que très récemment. J'ai attendu que l'état de ma sœur se stabilise pour prendre ma décision et l'annoncer à mon oncle. Il n'a pas compris, lui qui souhaitait rompre avec tout ce qui était juif et synonyme de tant de souffrance. Il a même proposé de m'adopter, de faire de moi son fils et de financer mes études. Les conditions qu'il m'offrait étaient idéales, mais j'ai refusé de l'écouter, en premier lieu car cela aurait impliqué d'abandonner le nom de mon père. Je portais dans mon destin, irremplaçables, les vies de mes parents et de mon frère assassinés : d'eux, il ne me restait que le nom.

Du reste, je n'avais pas traversé l'indicible pour habiter cet immense appartement, dans l'une des plus belles avenues de Paris, avec de vastes salons ouvrant les uns sur les autres, très hauts de plafond et chargés de moulures… et tout oublier. Le contraste était trop violent pour l'adolescent que j'étais entre ces deux univers en total décalage. Je me sentais un parfait étranger à cet environnement qui me paraissait protégé et insouciant, en contradiction absolue et presque caricaturale avec le monde de terreur dont je venais.

De Strykow à Paris, mon oncle avait tracé son chemin personnel, brillant, toujours à l'avant-garde, écrivant son histoire, visionnaire, déterminé, généreux, intelligent, mais aussi autoritaire et possessif. Assis sur sa réussite professionnelle et sociale, il était toujours certain d'avoir raison. Lorsque je vendais des bons pour le mouvement sioniste, il me donnait de l'argent, mais ne souhaitait pas que cela se sache. C'était désormais un grand bourgeois qui fréquentait les milieux aristocratiques, mondains, auxquels il s'était intégré.

Je sentais qu'il fallait que je parte pour préserver mon autonomie. Pour accomplir enfin ce que je pensais devoir à la mémoire de ma famille assassinée. Depuis l'âge de 13 ans, j'avais mené seul ma vie et traversé les pires difficultés que l'on puisse imaginer, alors je refusais d'être considéré comme un enfant. Me sentant incapable de m'opposer à son autorité, je suis parti un jour, sans l'avertir, rejoindre une organisation sioniste et préparer mon départ – ce fut un choc lorsque, quelques années plus tard, alors que je vivais dans un kibboutz, j'ai appris qu'il m'avait fait rechercher par la police.

En 1945, un certain nombre de déportés ont pu bénéficier de certificats d'immigration accordés par les autorités britanniques, et embarquer en toute légalité pour la Palestine. Ce fut le cas d'un peu moins de la moitié des enfants d'Écouis, dont un petit garçon âgé d'à peine 10 ans à l'époque, nommé Israel Meir Lau, descendant d'une grande lignée de rabbins en Pologne. Il deviendra par la suite grand rabbin d'Israël.

Hélas, les quotas fixés par la Grande-Bretagne étaient insuffisants et, comme tant d'autres survivants désireux de quitter une Europe qui avait, en grande partie, plongé dans la collaboration avec le régime nazi, je n'ai pu bénéficier de cette alyah légale. Par ailleurs, en tant qu'étranger, il me fallait renouveler mon titre de séjour pour rester en France. La limite atteinte, et puisque je n'habitais plus chez mon oncle, je me suis bien vite retrouvé illégal sur le territoire français, attendant, avec mon groupe de rescapés, une possibilité de partir pour la Palestine.

À l'époque, deux solutions s'offraient à nous : l'*alyah** *Bet*, c'est-à-dire tenter le voyage sur un bateau clandestin, qui avait toutes les chances d'être refoulé par les britanniques et envoyé à Chypre ; ou l'*alyah Dalet*, bénéficier de passeports fournis par la filière

---

* « *Alyah* » est un terme hébreu qui désigne l'émigration juive vers la Terre sainte.

d'immigration clandestine de la Haganah*. Ces vrais-
faux papiers avaient des origines diverses. Certains
appartenaient à des militaires de la Haganah recher-
chés par les Anglais et venus se cacher en Europe,
d'autres à des militants désireux d'aider des sionistes
ou des rescapés à faire leur alyah. Je me souviens qu'il
y avait, parmi ces « agents », de jeunes Anglaises qui
accompagnaient des enfants juifs, qu'elles faisaient
passer pour les leurs (les mineurs n'avaient alors pas
de passeport et figuraient simplement sur ceux de
leurs parents) : cela passait comme une lettre à la
poste et personne ne semblait s'étonner de voir ces
jeunes femmes, âgées de 20 ans à peine, déjà mères
de deux enfants !

Dans tous les cas, le risque majeur était d'échouer
à Chypre, alors colonie britannique, dont les camps
d'internement étaient remplis de candidats à l'immigration – parmi lesquels quantité de survivants de
la Shoah. L'un de mes copains, qui était avec moi à
Auschwitz, n'a pas supporté d'être à nouveau incar-
céré : il a escaladé les barbelés (qui, contrairement
à ceux des nazis, n'étaient pas électrifiés) et s'est
enfui par la mer, lui qui savait à peine nager. Il a
été recueilli par un pêcheur chypriote, qui l'a confié

---

* Le Mossad Le'alyah Dalet, émanation de la Haganah (organisation paramilitaire sioniste), est chargé de faire entrer clan-
destinement des Juifs en Israël, notamment pendant et après la
Seconde Guerre mondiale.

à un autre, et ainsi, de bateau de pêche en bateau de pêche, il s'est retrouvé en Palestine, où il m'a raconté son odyssée. « Mickey Mouse », comme nous l'appelions à cause de ses oreilles, est par la suite devenu capitaine de la marine marchande israélienne.

Mon groupe aurait dû embarquer sur l'*Exodus*, avec nos papiers, et courant le risque de se faire arraisonner (ce qui a bien été le cas pour ceux qui sont partis), mais la Haganah nous a déclaré qu'elle avait besoin de nous en France quelques mois, en échange de quoi elle nous fournirait des passeports de l'alyah Dalet. Réunis à une douzaine de jeunes gens, nous avons discuté toute la nuit et mis la question au vote : à une voix près, nous avons décidé d'accepter l'offre de la Haganah. Nous avons d'abord reçu un entraînement militaire dans un camp près de Paris, au Vesinet, avant d'être envoyés dans une ferme, à 40 km de Toulouse, pour nous initier au travail agricole. L'Agence juive l'avait prise en location et fournissait les bœufs, les charrues, tout le matériel. Nous nous sommes présentés aux paysans qui vivaient en autarcie dans ce tout petit village et n'avaient jamais vu de Juifs. C'était en 1947. Ils nous ont jaugés, nous les gringalets qui sortions des camps, et nous ont affirmé que ce travail serait trop dur pour nous. Mais bien vite, nous avons fait nos preuves et créé des liens avec eux, au point d'être invités à nous joindre à la messe du dimanche. Nous avions beau leur expliquer que nous étions juifs, ils insistaient, sans comprendre que nous puissions pratiquer une autre religion. Lorsque nous sommes partis, ils étaient au bord des larmes.

Nous avons alors été dirigés près de Lyon, où la préfecture, très favorable à la Haganah, accordait des visas de transit à des Juifs russes qui passaient par la France avant d'embarquer pour la Palestine depuis Marseille. Notre mission était d'accueillir ces familles entières arrivant de Russie *via* l'Allemagne, qui avaient connu les terribles camps de Staline. Pour ce faire, l'organisation qui se chargeait de l'émigration avait loué un grand château, où le petit groupe d'idéalistes que nous étions a pris possession des combles, au confort rudimentaire et sans le moindre chauffage, dans l'improvisation la plus totale.·

Puis les Russes sont arrivés et se sont attribué les chambres. Lorsque nous avons tenté d'intervenir pour imposer une répartition équitable, en réservant les plus grandes pièces aux familles nombreuses, nous avons vite compris que nous ne ferions pas le poids face à ces hommes et ces femmes qui manifestaient encore les comportements de survie qui leur avaient permis de tenir le coup dans les conditions effroyables de la Sibérie. Un rapport de force n'a pas tardé à s'instaurer entre les différents clans familiaux qui a présidé à la répartition. Je me souviens ainsi de cette femme, armée d'un bâton, qui montait la garde

devant la plus grande chambre et matraquait quiconque tentait d'y pénétrer sans faire partie de sa
famille.

Au-delà de ces conflits, ils étaient cependant orga-
nisés et efficaces : après trois mois, ils avaient mis en
place une école, avec des enseignants et une chorale.
Nous avons même assisté à une représentation théâ-
trale mettant en scène les enfants.

Nous nous occupions aussi du ravitaillement, mais
tout ce qui échappait à notre vigilance disparaissait
aussitôt. Puis l'hiver est arrivé, et avec lui, un froid
glacial. Pour se chauffer, il était permis aux pensionnaires de ramasser les branches mortes tombées dans
le parc. Mais à notre insu, ils se sont débrouillés pour
trouver des scies et sortaient la nuit prélever directement leur bois de chauffage sur les arbres. Lorsqu'ils
sont partis, nous avons trouvé dans chaque pièce des
provisions de petit bois cachées pour l'hiver. Bien
sûr, cela n'a pas plu au propriétaire du château qui,
voyant ses arbres dénudés, a demandé à l'organisation un dédommagement important.

Après leur départ, la Haganah a fermé le centre et
nous a dirigés vers Marseille. En attendant de quitter
la France, je faisais la liaison entre Lyon et Marseille
avec des papiers où étaient apposés des visas de transit destinés à des Juifs d'Europe de l'Est.

Enfin mon tour est venu de partir pour la Palestine, seul, sous une fausse identité. Grâce à mes solides notions d'hébreu, j'ai hérité du passeport (anglais) d'un natif de Jérusalem un peu plus âgé que moi, qui voyageait en Europe à la recherche des rescapés de sa famille. J'ai passé deux nuits à mémoriser les dates et les lieux de ses pérégrinations, au cas où l'on m'interrogerait sur les visas d'entrée en France et en Allemagne que le document contenait.

Sur le bateau, le premier contrôle des Anglais au large, en pleine mer, pour identifier d'éventuels clandestins ou des personnes recherchées par la puissance britannique, s'est bien passé. Lorsque nous sommes enfin arrivés à destination, je me suis présenté devant le douanier du port, un officier britannique. Je ne parlais pas sa langue, il ne comprenait pas l'hébreu, alors je me suis adressé à lui en français. L'homme a longuement fouillé mes bagages, parmi lesquels une valise qui m'avait été confiée par un Israélien, destinée à des amis à lui, et dont je ne connaissais pas le contenu. Il en a sorti des livres en anglais, qu'il m'a tendus d'un air soupçonneux : « Si vous ne parlez pas anglais, pourquoi avez-vous ces livres ? » J'ai répondu en français et en hébreu que c'était des cadeaux, mais le douanier a bien senti que quelque chose ne collait pas. Il a continué à fouiller, allant jusqu'à vider mon tube de dentifrice, avant d'appeler un autre officier qui, lui, parlait hébreu. C'était la fin : mon hébreu scolaire ne ferait pas illusion et j'allais finir en prison ou tout simplement sur un bateau, direction Chypre ou Marseille. Mais alors qu'il se dirigeait vers nous, quelqu'un l'a interpellé, il y a eu du brouhaha, et au lieu de poursuivre dans ma direction, il s'est dirigé de l'autre côté. Le douanier qui s'occupait de moi a regardé l'immense file de gens qui attendaient derrière moi et m'a laissé partir. J'ai été sauvé *in extremis* !

De l'autre côté de la douane, des cars nous attendaient pour nous faire sortir du port. Alors que j'étais installé, un homme a pris place à côté de moi et, avec un coup de coude, m'a dit en hébreu : « Donne-moi ton passeport. » Personne ne m'avait expliqué comment cela allait se passer. Craignant d'avoir affaire à un agent secret anglais, j'ai fait semblant de ne pas comprendre. L'homme a alors reposé sa question, en mentionnant le nom qui était inscrit sur le document. Soulagé, j'ai compris qu'il était des nôtres et je lui ai tendu la pièce d'identité, qu'il m'a échangée contre une autre, à mon nom. « Mon » passeport a ainsi pu repartir pour être attribué à un nouveau candidat à l'immigration.

Je suis resté en Israël pendant sept ans.

Ce furent des années d'activité intense, très physiques, où j'alternais les travaux dans les cultures maraîchères l'été, et dans le bâtiment l'hiver. En 1952, après cinq années, mon oncle m'a rendu visite et s'est montré très choqué des conditions dans lesquelles je travaillais et vivais. Il pensait que je méritais bien mieux, que j'étais capable de faire des études et ne comprenait pas pourquoi je m'obstinais à travailler ainsi. Je me suis contenté de répondre que c'était mon choix, et il est reparti.

Toute mon énergie, toute ma volonté étaient dirigées vers l'avenir. Même en Israël, il était infiniment dangereux pour nous de nous replonger dans les scènes d'horreur que nous avions vécues. Une chape de plomb s'était abattue sur nous, les rescapés, à tel point que nous ne voulions pas en parler aux nôtres, ni même entre nous. Nous sentions que notre vie familiale et professionnelle serait impossible si, d'une façon ou d'une autre, nous nous engagions dans ce récit. Et le regard interrogatif, dubitatif, interloqué et apitoyé des autres, leur refus d'entendre une vérité insoutenable. Ces gens qui avaient vécu normalement ne pouvaient intégrer cette horrible réalité dont nous étions les victimes et les témoins. Même dans la famille. L'horreur absolue par laquelle nous étions passés leur paraissait tellement inimaginable, impossible.

À cette époque, vers 1951, un événement remarquable est survenu d'une façon inattendue. En rentrant du travail, je trouve devant ma porte mon ami d'enfance Alexandre, que j'avais perdu de vue depuis 1944 et que je croyais disparu. C'est lui qui m'a retrouvé. Après Auschwitz et d'autres camps, il est arrivé en Palestine dès 1946, où il a retrouvé de la famille proche qui lui a permis de s'insérer dans la vie et de faire des études d'entomologie après son service militaire pendant la Guerre de l'Indépendance. Nos liens se sont encore renforcés, surtout à travers nos enfants et nos petits-enfants. Il est disparu prématurément à 47 ans, comme militaire pendant une période de réserve annuelle. L'un de mes petits fils s'appelle Alexandre, en souvenir de mon ami d'enfance.

Un peu moins de deux ans plus tard, j'ai été pris de douleurs au dos si fortes que j'ai dû m'arrêter de travailler. Le kibboutz m'a alors envoyé pendant un semestre à l'université suivre des cours réservés aux travailleurs sans diplôme, et capables néanmoins de suivre une formation utile à la marche de la collectivité. Cette pause bienvenue, où j'ai renoué avec l'apprentissage, le savoir, a constitué pour moi un phénomène déclenchant. Au terme de ce semestre, j'étais bien décidé à reprendre des études, et j'ai choisi la médecine. Mon attirance pour ce domaine n'était pas nouvelle. Outre le fait que cela me permettrait d'aider les autres, je gardais en mémoire l'admiration sans bornes que ma mère portait à mon oncle, ce très jeune frère qu'elle considérait comme son fils, au point de l'aider à partir étudier la médecine en

France. Je savais qu'elle aurait été fière que je suive ses traces. C'est ce que j'ai fait, littéralement, puisque, n'ayant ni argent ni famille en Israël, je ne pouvais m'y payer des études. Je me suis donc résolu à revenir en France et accepter l'aide de mon oncle, celui-là même qui avait inspiré mon choix et dont j'avais jusqu'alors rejeté la main tendue.

De fait, à cette époque, de nombreux départs avaient lieu dans les kibboutz. Confrontés à la réalité, les idéaux d'égalité entre les individus et entre les hommes et les femmes s'étaient émoussés. Et puis certains couples ne supportaient pas de confier leurs enfants à la collectivité.

J'avais déjà 25 ans lorsque je suis revenu en France. Mon oncle souhaitait que je m'installe chez lui, mais j'ai préféré louer une chambre et je me suis inscrit à des cours par correspondance pour combler mes lacunes. Avec mon vécu, je pensais naïvement que je pourrais passer le baccalauréat ainsi, en autodidacte, de la même façon que j'avais appris le français, et entreprendre aussitôt les études que j'avais choisies. Mais très vite, j'ai dû me rendre à l'évidence : comment aurais-je pu étudier la médecine alors que j'avais quitté l'école à 11 ans, en arrivant dans le ghetto ? Très déprimé, j'ai rassemblé mes affaires et, sans même prévenir mon oncle, j'ai pris le train pour Marseille dans l'idée de retourner en Israël… Jusqu'à ce que le souvenir de ma mère me rattrape une fois encore : moi qui lui avais promis de me montrer combatif, j'étais sur le point de renoncer devant la première difficulté. C'était indigne de sa mémoire. Alors je suis rentré à Paris, où le bail de mon studio courait encore jusqu'à la fin du mois, et je me suis ouvert sur mes difficultés à mon oncle. Quelques jours plus tard, celui-ci m'a mis en contact avec un ami à lui en vacances à Paris, André Bénichou, professeur de philosophie et directeur d'un prestigieux collège d'Oran, le cours Descartes.

Cheveux blancs, yeux de charbon, confortablement assis dans un fauteuil, celui-ci m'a tutoyé d'emblée avant d'écouter mon histoire : mes études interrompues en sixième, ma vie morcelée et, malgré tous ces handicaps, ma volonté de passer le baccalauréat. Il m'a donné rendez-vous pour le lendemain, et, après s'être assuré de ma détermination, m'a proposé un poste de maître d'internat, logé, nourri, avec un peu d'argent de poche, en me précisant : « On verra comment tu peux préparer le bac dans les meilleures conditions. » J'ai accepté.

Arrivé à Oran quelques jours avant la rentrée des classes, j'ai pris une chambre d'hôtel et me suis promené en ville. Il faisait beau et chaud, et, à ma grande surprise, au hasard des rues, j'ai atterri dans un quartier juif. Assis par terre, des gens y vendaient des poulets vivants. Des Juifs à Oran ? Jamais, je n'aurais cru cela ! Voir ces gens préparer les fêtes comme nous le faisions en Pologne quand j'étais enfant m'a donné courage et confiance en cet univers où je retrouvais soudain mes marques. J'étais conforté dans mon choix, rassuré.

Puis j'ai pris mes fonctions, qui consistaient à veiller au coucher et au lever des pensionnaires de cet internat de renom, au centre d'un immense dortoir, composé de rangées de lits identiques. Mon domaine se limitait à un petit box protégé par de simples paravents avec un lit, une table, une chaise et un petit meuble où ranger mes affaires. C'était modeste, mais cela me permettait d'être financièrement indépendant. J'avais gagné mon autonomie et cela m'emplissait de fierté.

Pour évaluer mon niveau, le directeur m'a fait passer un examen oral devant six enseignants des matières principales, qui ont délibéré et lui ont transmis leur verdict : étant donné mon retard, je ne pourrais être admis qu'en classe de quatrième, ce qui signifiait qu'il me faudrait attendre au moins trois ans avant de passer mon bac. Ma réponse a été immédiate : « Je rentre à Paris. » Me voyant sur le point de renoncer, le professeur de sciences, M. Gillot, m'a aussitôt interpellé. C'était un ancien résistant, qui avait été déporté à Buchenwald et libéré le même jour que moi. Il m'a dit : « Les mathématiques et la physique sont les matières les plus importantes. Si tu restes, je te donnerai des cours particuliers gracieusement, tous les matins de 6 heures à 7 heures, et je te garantis que tu auras ton bac. » Un énorme courant de sympathie nous a traversés : il croyait en moi ! C'est l'une des rencontres essentielles de ma vie, parmi celles qui détermineront mon parcours par la suite.

J'ai travaillé dur, le jour, mais aussi la nuit, lorsque les élèves dormaient. Sur son conseil, en plus de ma fonction de surveillant, je suivais au premier trimestre les cours de seconde, au deuxième trimestre les cours de seconde et de première simultanément, et au troisième trimestre les cours de première. Cet emploi du temps atypique m'occupait vingt heures par jour et ne me laissait que quatre heures de sommeil. Du reste, à l'époque, je pensais en hébreu, puis je traduisais en français, mais ma structure grammaticale demeurait hébraïque. Mes professeurs me reprochaient d'être trop laconique. Il a fallu encore quelques années pour que je m'approprie complètement le français, pour qu'il devienne la langue dans laquelle je pense, je m'exprime et je rêve.

Pendant les premiers congés de Noël, resté seul dans cet immense dortoir, grippé, épuisé, je me suis effondré. Soudainement, une belle silhouette verticale s'est dressée dans l'espace vide, face à mon lit. Je m'en souviens comme si c'était hier. Il s'appelait Roland*. Comme moi, il avait 25 ans et préparait le bac tout en effectuant des heures de surveillance.

Après quelques semaines, un climat de confiance s'est installé entre nous. J'ai rompu, avec parcimonie, mon mutisme, et lui ai évoqué quelques épisodes de mon passé. Il m'a parlé de lui, de ses études arrêtées trop tôt, de ses difficultés à travailler avec son père. Dans le dortoir du cours Descartes, une fois les élèves endormis, nous avons pris l'habitude d'étudier une leçon avant de nous coucher. Nous dormions à peine, et le matin, après avoir fait notre toilette, et avant de réveiller les élèves, nous nous nous récitions ce que nous avions révisé la veille.

À Pâques, Roland m'a invité à passer les fêtes chez ses parents. Jules, son père, au courant de ce que j'avais traversé, m'a accueilli avec une émotion intense et m'a serré dans ses bras, les larmes aux yeux. Après ce premier contact, j'ai été reçu comme un des fils de la famille. Au point qu'Étoile, sa mère, m'accueillera à chaque occasion avec ces mots qui me bouleversent encore lorsque j'y repense : « Viens, mon fils, que je t'embrasse. » Même s'il s'avérait qu'elle utilisait cette même formule pour certains amis de ses enfants, ils résonnaient différemment pour moi.

---

* Voir son témoignage p. 141.

Avec eux, j'avais trouvé une famille d'accueil dont la chaleur ne s'est pas démentie pendant ces deux années à Oran, une famille qui a adouci le vide qui s'était creusé en moi le jour de mon arrivée à Auschwitz, de l'assassinat de mes parents. Dans ce foyer, la table était ouverte du matin au soir pour accueillir chaleureusement les bandes de copains de leurs cinq enfants, tous adolescents ou jeunes adultes : « Blancs, Noirs, généraux, deuxième classe, Australiens, Anglais... Venus d'ailleurs. » J'y ai occupé une place privilégiée, ils m'ont sauvé.

À l'issue de ma première année, en dépit du refus obstiné d'André Bénichou, qui souhaitait que j'attende septembre, j'ai passé les épreuves du baccalauréat. Ce n'est que bien plus tard que cet homme, à qui je dois tant, m'a expliqué sa crainte qu'après les efforts considérables dont j'avais fait preuve tout au long de l'année, je ne puisse supporter un échec à l'examen et risque de me suicider – et il avait raison. Il était même prêt, m'a-t-il avoué, à produire un faux certificat médical pour me permettre de me présenter tranquillement en septembre après un été de révision au calme, sans la charge des collégiens. Mais je n'ai pas échoué !

À 27 ans, mon précieux baccalauréat en poche, je rejoignais Paris pour entreprendre mes études de médecine.

Après avoir réussi mon certificat de sciences*, j'ai pu enfin m'inscrire en première année de médecine. Affilié en tant que stagiaire à l'Hôtel-Dieu, je me suis retrouvé dans un service de médecine dont le chef était un mandarin très imbu de lui-même. C'est ainsi qu'au cours de ses visites du service, il avait l'habitude d'interroger un étudiant sur le dossier médical d'un des patients dont celui-ci avait la charge. Lorsque mon tour est venu, il m'a brutalement interrompu au beau milieu de mon exposé pour m'agonir d'injures. En un instant, la vue brouillée par l'émotion, il m'est apparu comme l'incarnation du médecin nazi. Prêt à répondre physiquement à ses insultes, je me suis ravisé au dernier moment, conscient qu'une telle réaction signerait la fin de mes études médicales. J'ai ravalé ma rage en attendant l'occasion de prendre ma revanche, laquelle s'est présentée rapidement. Fort de mes excellents résultats au concours de l'externat des Hôpitaux, qui me permettaient d'intégrer son service, j'ai pris rendez-vous avec lui. Mais alors qu'il s'attendait à me voir quémander une place auprès de lui, je lui ai annoncé qu'étant donné son comportement, je me refusais absolument à travailler sous ses ordres. L'expression ulcérée qui s'est peinte sur son visage a été pour moi la meilleure des revanches.

---

* Le PCB, certificat d'études physiques, chimiques et biologique, était à l'époque obligatoire avant d'entreprendre des études de médecine.

J'ai donc intégré un autre service, dont le patron est cependant subitement décédé d'une crise cardiaque, trois mois seulement après son arrivée. Il a été remplacé par un autre patron qui, comme c'était alors l'habitude, amenait avec lui son équipe médicale, de sorte que sur les quatorze externes que nous étions, huit devaient céder leur place aux nouveaux venus. Pour procéder à la sélection – et le terme n'est pas fortuit –, la secrétaire du service nous a alignés et a d'emblée éliminé les Noirs, puis les Asiatiques. Ensuite, elle m'a demandé mon nom (alors qu'elle avait toutes les informations sur mon état civil), puis m'a aussitôt prié de quitter le service. Une fois dehors, j'ai déclaré à un externe africain, qui venait d'être éliminé comme moi que j'allais aller chercher un fusil et tuer cette nazie. Il m'a calmé en me disant que tout ce que je gagnerais serait de finir ma vie en prison…

Le professeur Meary, ancien assistant à l'hôpital Cochin, qui venait d'être nommé chef de service à l'hôpital Tenon, m'a permis de rebondir, en me prenant comme externe dans son service. Patron atypique, particulièrement ouvert, il m'a convoqué un matin dans son bureau, seul à seul. C'était inhabituel, mais il était intrigué par mon âge et souhaitait en savoir plus à mon sujet. Je lui ai succinctement raconté ma vie et il a décidé de m'aider. Financièrement, d'abord en me nommant remplaçant durant les congés que les externes prenaient à tour de rôle, ce qui m'a permis de toucher un petit salaire toute l'année – en tant qu'étranger, contrairement à mes camarades français, je devais en effet travailler gratuitement. Mais surtout, comme l'avait fait avant lui ce professeur de sciences au lycée d'Oran, il m'a manifesté une réelle confiance qui m'a permis d'avancer. Par exemple, un jour qu'il était chez le coiffeur, préoccupé par une opération de la veille, c'est à moi qu'il a demandé de me rendre au chevet de son patient. Au fil des ans, nous avons ainsi noué des liens professionnels et amicaux qui ont duré et se sont renforcés jusqu'à sa disparition prématurée. Sa confiance en moi était telle qu'elle m'a habité pendant toute ma carrière et a guidé mes choix. En tant que patron et que chirurgien, il n'a jamais cessé d'être ma référence absolue, en termes de compétence et d'humanité.

À la fin de mes études, mon oncle, chirurgien esthétique de renom, aurait aimé que je choisisse la même spécialité que lui. Mais cela ne correspondait pas à ma vision de la médecine, qui consistait, à mon sens, à remettre les patients sur pied. C'est ainsi que très vite, la chirurgie orthopédique s'est imposée à moi. Ce désir ne devait rien au hasard : dans les camps, tenir debout sur ses jambes, marcher, pour aller travailler ou simplement se présenter à l'appel, représentait la première étape pour la survie. J'étais bien placé pour le savoir, moi qui avais failli y perdre mes pieds et ma vie.

Du reste, contrairement à mon oncle, dont les patients étaient plutôt aisés, j'ai été très vite surnommé « le chirurgien des pauvres », ce qui, je dois l'avouer, n'était pas pour me déplaire. Il m'est en effet souvent arrivé de récuser des patients que leur fortune rendait démesurément exigeants.

Cependant, cette divergence de vue n'a pas empêché le dialogue entre nous, et j'ai même volontiers opéré avec lui lorsque l'occasion se présentait. Ainsi, c'est moi qui ai trouvé la solution pour fabriquer un mamelon rose sur les seins qu'il reconstruisait pour des femmes ayant subi une mastectomie. C'est aussi et surtout à lui que j'ai confié la lourde responsabilité, en 1958, d'ôter le matricule qui m'avait été tatoué à Auschwitz…

Comme souvent – et même constamment – au cours de ma vie, ce sont mes expériences pendant la guerre qui ont guidé, défini ma pratique et mon éthique, et m'ont amené à comprendre et à prendre en charge des situations particulières. Fort de mon histoire personnelle, de ce que j'avais traversé dans le passé, j'étais à la fois le blessé et celui qui soignait les lésions. Une double perspective qui m'a permis, je crois, tout au long de ma carrière, de mieux

1. Photo de ma famille maternelle (1932)
En haut : mon frère aîné, en uniforme de lycéen ; une tante ;
mon oncle alors étudiant en médecine en France, en visite à Strykow.
En bas : ma mère, qui me porte sur ses genoux, ma sœur, ma grand-
mère et mon père.

2. Atelier d'enfants au ghetto de Lodz, 1942. Au troisième rang,
à droite. Extrait du film de Darius Jablowski, *Chroniques couleur
du ghetto de Lodz* (Arte Éditions).

3. Troisième en partant de la droite, en compagnie du groupe
avec lequel j'attendais mon départ pour la Palestine,
au Château Rose des Andelys, 1947.

4. Excursion dans le désert avec des camarades du kibboutz, 1953.
Deuxième en partant de la gauche.

5. Premier voyage à Auschwitz avec mon fils Gaël, 1994.

6. Un voyage à Auschwitz en compagnie des rabbins Haïm Korsia et Moché Lewin. Lecture des rouleaux de la Torah dans l'ancienne synagogue de la ville d'Oswiecim.

Extrait d'un livret édité à l'issue d'un voyage réalisé par les aumôniers d'Aéroports de Paris, le Grand Rabbin de France Haïm Korsia, avec le soutien d'Air France, d'Aéroports de Paris, le Souvenir Français de la fondation pour la mémoire de la Shoah et l'aide du Consulat général de France à Cracovie. Photographies : Olivier Faure, Stéphane Corcos, Yann Desbordes, Régis Gousset.

7. Marathon de Paris, années 1980.

8. Le coureur automobile Jean Alesi me passe la flamme olympique, à Grenoble, le 6 février 2006.

Photographie gracieusement offerte par Samsung, sponsor des Jeux Olympiques de Turin.

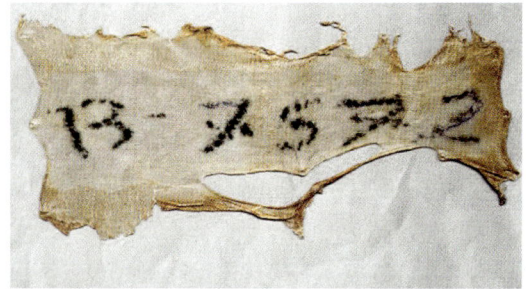

9. Le matricule qui m'avait été tatoué lors de mon arrivée
à Auschwitz et que je me suis fait retirer en 1958.

10. Février 2018.

11. Remise de la légion d'honneur par M. le Premier Ministre Jean-Marc Ayrault, le 7 juillet 2014.

12. Remise des palmes académiques par Mme la Ministre des Armées, Florence Parly, le 31 août 2017.

13. Intervention à l'ONU, devant un public d'ambassadeurs à Genève, à l'occasion de la Journée de l'Holocauste, le 26 janvier 2017.

14. Dessin de Simon, mon petit-fils, pour l'anniversaire de la libération du camp de Buchenwald (11 avril 2008).

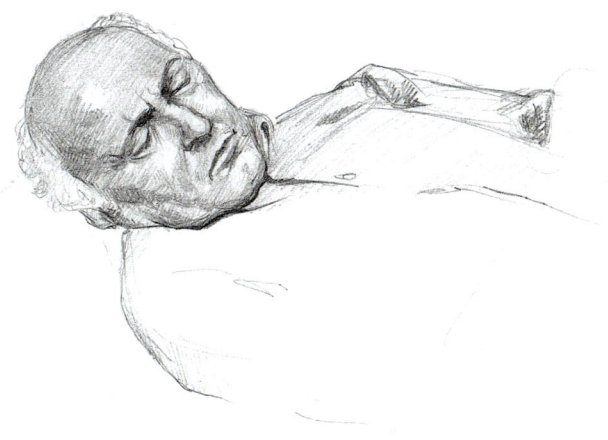

15. *Élie endormi*, dessin de ma fille Émilie.

16. Années 1980,
lors d'une consultation.
Photo extraite d'un film
personnel, *Élie chirurgien*.

© Élie Buzyn, coll. privée

© TOINE. / Photocompulsif

17. Automne 2015.

comprendre les autres et d'adapter ma pratique à la grande diversité de situations que j'ai pu rencontrer...

Moi qui n'ai pas eu la chance de voir mes parents vieillir, j'ai été, dès le début de ma carrière, très sensible et attentif au sort des personnes âgées. Étudiant, déjà, je n'hésitais pas à faire pression sur mes supérieurs pour qu'elles bénéficient d'interventions chirurgicales au même titre que les autres patients. Je me souviens d'une femme de 98 ans, arrivée une nuit, hurlant de douleur, nous suppliant de l'opérer. Ses examens révélaient en effet une nécessité d'intervenir, mais je n'avais pas le droit de le faire sans l'autorisation du chef de service. Au téléphone, celui-ci m'a demandé d'attendre jusqu'au lendemain matin. Le moment venu, il a refusé l'intervention, se justifiant ainsi : « Si elle décède sur la table ou après, ce sera notre faute. » La mort dans l'âme, j'ai dû expliquer la situation à la vieille dame, qui avait fait venir son fils, médecin généraliste à la retraite. Celui-ci a donné raison au chef de service. Peu de temps après, cette femme m'a appelé et m'a dit : « Je vais mourir. Vous avez refusé de m'opérer, ce n'est pas bien. » Elle est morte quinze jours plus tard, et je regrette encore aujourd'hui de n'avoir pas été autorisé à intervenir.

Un an plus tard, chirurgien assistant des Hôpitaux, habilité enfin à prendre des décisions en mon âme et conscience, je n'ai plus jamais refusé de pratiquer une opération par crainte des risques médicaux et des suites judiciaires. J'ai toujours veillé à être à l'écoute des patients presque centenaires, discutant longuement avec eux pour les laisser décider s'ils préféraient continuer à souffrir ou bien courir le risque de ne pas survivre à l'opération. À chaque cas, sa spécificité et sa technicité : parfois, je mobilisais toute mon équipe pour réduire le temps d'intervention ; d'autres fois, lorsque je travaillais sous anesthésie locale, je m'adressais au patient durant toute l'intervention pour entretenir sa confiance.

En 1967, dans le cadre d'un remplacement au centre hospitalier de Sainte-Menehould, sur la route de Verdun, j'ai fait une rencontre qui a eu une grande incidence sur ma pratique. Dans cet environnement somptueux, en lisière de la forêt d'Argonne, où mon épouse, ma fille aînée et moi entreprenions de longues promenades (interrompues parfois par le bruit d'un klaxon me signalant qu'il y avait une urgence à traiter), j'ai reçu en consultation préopératoire ma première patiente témoin de Jéhovah. Accompagnée de ses deux fils et de leurs épouses respectives, cette femme de 70 ans souhaitait me faire part de son refus de toute transfusion sanguine[*]. Au cours de notre

---

[*] La transfusion sanguine est interdite chez les témoins de Jéhovah, cependant les parents ne peuvent s'y opposer pour leurs

entrevue, un souvenir m'est revenu comme un flash : celui de ce médecin allemand, prisonnier et témoin de Jéhovah, qui m'avait sauvé la vie à l'infirmerie d'Auschwitz.

J'ai confirmé à cette femme que je ferais tout mon possible pour éviter la transfusion durant l'opération, sauf, bien sûr, en cas de nécessité vitale. Pour gagner sa confiance, j'ai proposé qu'elle désigne un de ses fils pour assister à l'opération, ce qu'elle a accepté. Heureusement, tout s'est bien passé et je n'ai pas eu à pratiquer de transfusion.

Ce même souvenir s'est à nouveau imposé à moi une dizaine d'années plus tard, face à un patient qui m'était adressé en urgence après avoir été victime d'un très grave accident de moto sur le périphérique. L'homme, âgé d'une cinquantaine d'années, présentait une fracture éclatée et ouverte de la jambe, pouvant justifier une amputation et un appareillage qui lui aurait permis de récupérer rapidement la marche. Lorsque j'ai évoqué cette possibilité, il m'a signifié dans un jargon juridique que je n'avais « pas le droit de déposséder quelqu'un d'une partie de son corps ». En clair, il refusait tout net l'amputation et la transfusion, et pour cause : il siégeait au comité médical

---

enfants mineurs. Seul le procureur de la République est habilité à prendre la décision.

des témoins de Jéhovah. Je lui ai alors proposé de procéder à une intervention conservatrice, qui présentait d'importants risques d'infection, et dont la cicatrisation serait très longue. Pour tenter d'éviter l'hémorragie et donc le recours à la transfusion, je lui ai posé un garrot au niveau de la cuisse durant l'intervention, après avoir pris la précaution de le prévenir que je serais contraint de la pratiquer si sa vie était en danger. Je n'ai pas eu besoin de le transfuser et, comme je l'avais prévu, la cicatrisation a duré plus d'un an. Cependant, l'opération a été un succès, et il est devenu par la suite mon ami. C'est même grâce à ses recommandations que j'ai pu effectuer un voyage d'études aux États-Unis pour visiter des services hospitaliers spécialisés dans la « *bloodless surgery* », qui pratiquaient des opérations chirurgicales lourdes, y compris à cœur ouvert, sans transfusion ou en les évitant autant que possible. À la suite de cela, nous avons organisé un colloque sur cette question avec des juristes et des médecins.

Ce type d'opérations ne peut se faire sans coordination avec l'anesthésiste-réanimateur car le chirurgien doit interrompre son travail pour que celui-ci injecte de l'eau à la place du sang. Il existe aussi la possibilité de récupérer le sang du malade avant l'intervention pour l'injecter ensuite, mais tous les malades n'acceptent pas ce protocole. Dans ce genre d'interventions, tout est question de confiance, et comme je l'avais fait la première fois, je proposais toujours qu'il y ait un témoin en salle d'opération.

Le bouche à oreille a fonctionné. Certes, je me suis fait des ennemis parmi mes collègues chirurgiens, qui ne voulaient rien en savoir, tout en constatant que de nombreux patients témoins de Jéhovah demandaient à être transférés à la clinique où j'exerçais, pour se faire opérer par mes soins. Après l'apparition du sida, tous les médecins et chirurgiens ont d'ailleurs adopté pour principe d'éviter les transfusions.

Pour ma part, au-delà de la « prouesse » technique, j'avais acquitté ma dette à l'égard de ce médecin témoin de Jéhovah qui m'avait sauvé la vie tant d'années plus tôt.

Chirurgien « atypique », en plus de mon poste à la clinique, je me suis vu proposer la responsabilité d'une consultation de chirurgie au centre hospitalier psychiatrique de Villejuif, avec un lieu attenant, permettant des interventions en ambulatoire, sans anesthésie générale (pour les opérations importantes, les malades étaient transférés à l'hôpital Sainte-Anne). J'ai d'abord refusé, faute de temps, et parce que le poste était particulièrement mal rémunéré. Puis je me suis rappelé que dès 1940, les nazis s'étaient employés à exterminer les pensionnaires des hôpitaux psychiatriques. Des dizaines de milliers de handicapés mentaux périrent ainsi dans les premières chambres à gaz. J'ai accepté la proposition.

À patients particuliers, pratiques particulières : ici, plus qu'ailleurs, jamais, je n'ai hésité à sortir des sentiers battus des protocoles habituels.

Parmi eux, on comptait nombre de jeunes drogués qui souhaitaient se débarrasser de leurs tatouages. Pour les motifs qui occupaient une grande surface, j'ai imaginé une technique par excisions successives, qui demandait un peu de temps et plusieurs interventions mais permettait d'éviter une cicatrisation spontanée très longue, équivalente à celle que j'avais supportée lors de l'excision de mon propre tatouage.

J'ai conservé ce poste à Villejuif pendant trente ans, jusqu'à ma retraite. Malgré les contraintes, il m'était inconcevable d'abandonner ces patients, parfois hospitalisés abusivement, telle cette femme, internée en psychiatrie à la suite de plusieurs tentatives de suicide, qui m'a un jour été envoyée en consultation. Opérée quelques années plus tôt d'une malformation de la hanche, elle souffrait de suites opératoires auxquelles le chirurgien avait opposé un déni : n'ayant, selon ce grand patron, aucune raison de souffrir, ses douleurs ne pouvaient être qu'imaginaires. Éconduite par l'autorité médicale, rejetée par sa famille, elle avait tenté de mettre fin à ses jours. Lorsque je l'ai rencontrée,

assommée par les calmants, j'ai constaté qu'elle souffrait de séquelles importantes et estimé qu'elle devait
subir une nouvelle opération. Pressentant un échec
si, comme l'exigeait le protocole, elle était transférée
à Sainte-Anne, j'ai demandé au directeur de Villejuif
une dérogation pour l'opérer à la clinique, assurant
que mon épouse, psychologue, la prendrait en charge
avant et après l'intervention. Il a accepté. L'opération
a été un succès : ses douleurs ont disparu et j'ai
proposé au chef de service de psychiatrie d'arrêter
tout traitement de psychotropes. Très peu de temps
après, elle a pu rentrer chez elle et reprendre une vie
normale, auprès de sa famille. Avoir pu sauver cette
femme d'un enfermement à vie, et peut-être même
d'une nouvelle tentative de suicide, réussie cette fois,
fait partie des victoires que je revendique sur une
déchéance programmée à laquelle j'avais été moi-
même destiné par les nazis.

Je n'ai jamais vraiment pu renoncer à ce métier
qui structurait ma vie depuis tant d'années, jusqu'à
me faire relever la nuit pour vérifier qu'un patient
que je venais d'opérer était bien installé et ne souffrait pas trop. La retraite venue, je me suis engagé
comme chirurgien bénévole dans des missions humanitaires en Afrique, notamment en Mauritanie et
au Cameroun. Les jeunes chirurgiens se sentaient
déboussolés car, sans les moyens habituels, il nous
fallait réinventer une chirurgie adaptée à ce contexte

de pénurie. Par exemple, travailler vite et bien, « à l'ancienne », comme à l'époque où l'effet des anesthésies ne durait qu'une heure. De même, faute de pouvoir analyser le groupe sanguin des patients, nous utilisions une vieille technique consistant à mélanger des échantillons sanguins du futur opéré et des membres de sa famille : si lors du mélange, le sang ne faisait pas de grumeaux, c'était le signe d'une compatibilité. La personne sélectionnée devait rester à nos côtés pendant l'opération et nous faisions les transfusions directement, de bras à bras, si nécessaire. C'était revenir à des pratiques anciennes au temps où il n'y avait ni matériel ni d'autre choix.

Des pratiques, pourtant, grâce auxquelles j'ai moi-même survécu et permis, à mon tour, à d'autres de revivre.

Ainsi de mes pieds gelés puis soignés avec les moyens du bord à Buchenwald, et qui n'avaient jamais cessé de me faire souffrir depuis. Il m'a fallu attendre trente-cinq ans après la sortie des camps, alors que je soignais les autres depuis plus de vingt ans, pour remporter une victoire sur cette pathologie intime. Sur la douleur qui me tourmentait jour après jour, depuis cette marche de la mort dont mes pieds ne s'étaient jamais vraiment remis. Cette souffrance familière qui avait si largement influencé le choix de ma spécialité médicale, et qu'à force de ressentir, je m'étais presque résolu à supporter jusqu'à la fin de mes jours. C'est en 1979, à l'occasion de vacances au cours desquelles je faisais de longues promenades, porté par la beauté des paysages méridionaux, que je me suis aperçu que la marche diminuait mes douleurs. De retour à Paris, j'ai voulu continuer, mais entre ma famille et mon activité professionnelle, où allais-je trouver ces deux heures quotidiennes pour soulager mes pauvres pieds ? Je me suis alors dit qu'une activité plus intense, sur une moindre durée, pourrait produire le même effet. C'est ainsi que j'ai commencé à courir. J'ai débuté au jardin du Luxembourg par des séances de dix minutes, aux aurores, avant de me rendre au bloc opératoire, ajoutant une minute par semaine, c'est-à-dire cinq minutes par mois. Courir est une discipline, et la preuve que le corps peut s'adapter à tout, à condition de ne pas le brusquer, de l'habituer progressivement – cependant, le mien avait été si malmené qu'il pouvait tout encaisser. Grâce à cet entraînement rigoureux, j'ai réussi à atteindre les quatre heures et je suis devenu marathonien.

Courir en solitaire, au milieu d'un collectif, se sentir à la fois seul face au challenge de ces 42 km de course à pied et en même temps solidaire des autres, faire corps en une sorte d'osmose, tous soumis aux mêmes limites du corps et à la souffrance gratuite que l'on s'impose à soi-même, pour tester sa volonté et les capacités à se dépasser quoi qu'il en coûte...

À chaque marathon auquel j'ai participé, j'ai ressenti une sorte de jubilation qui me permettait de tenir : c'est moi qui l'avais décidé, c'était ma liberté que j'exprimais ainsi.

Mais la préparation à cet exploit infernal qu'est l'épreuve du marathon (courir non-stop 42,125 km) demande de longues séances d'entraînement pendant des mois. À ce propos, je dois rappeler que, un peu par hasard, le Dr Gilbert Lejwi avait un triple rôle : il était mon cardiologue, et suivait mes problèmes de rythme cardiaque, mais il était aussi le cardiologue qui suivait mes patients, avant, pendant et après l'opération. Enfin, coureur lui-même, il s'entraînait comme moi au jardin du Luxembourg. C'est ainsi que nous sommes devenus un « couple » inséparable. Pour moi, avoir un cardiologue à proximité pendant la course en cas de problème cardiaque était très rassurant. Pour lui, avoir un chirurgien traumatologue en cas d'accident était idéal. De plus, ayant déjà accompli un ou deux marathons, je l'ai encouragé à faire de même. C'est ainsi qu'il a effectué son premier marathon en 1983 à Bezons, dans la région parisienne. Il est ensuite devenu un marathonien chevronné et bien plus expérimenté que moi. Quant à moi, j'ai couru les marathons de Londres, New York, Jérusalem et plusieurs à Paris.

En 2005, ma fille cadette a entendu à la radio que la société Samsung recherchait des candidats ayant accompli quelque chose d'extraordinaire dans leur vie pour porter la flamme olympique lors des jeux de Turin, l'année suivante. Sans m'en informer, elle a pris contact avec eux. C'est ainsi que j'ai reçu l'appel d'un homme, que j'ai d'abord pris pour un démarcheur commercial et auquel j'ai dit que je n'avais besoin de rien. Me sentant prêt à couper court, il a insisté et m'a expliqué l'objet de son appel, en citant le nom de ma fille. Sidéré, j'ai accepté de les recevoir, je leur ai raconté mon histoire et j'ai été sélectionné. En février 2006, je portais la flamme olympique au départ de Grenoble, en direction de Turin. Le couronnement de tous mes efforts, à 77 ans ; la revanche de la « course de la vie » sur la « marche de la mort ».

NOS TRACES SILENCIEUSES

La question de la sépulture est une préoccupation commune à tous les anciens déportés. Les gens morts dans le ghetto, qui pouvaient être transportés au cimetière, ont été enterrés à même la terre, sans cercueil, ni pierre tombale. Mais les responsables y tenaient un registre secret où ils notaient les noms des défunts, avec leurs dates de naissance et de mort, ainsi que des points de repère par rapport aux tombes existant avant-guerre. Il peut être consulté auprès de l'association des ressortissants de Lodz, à Tel-Aviv. Au cimetière de Lodz même, un déporté originaire de Lodz et vivant en Allemagne a tenu à financer des plaques de marbre portant le nom du défunt, sa date de naissance et de décès, qu'il a fait poser à l'emplacement présumé de chacune des tombes. Je déplore, quant à moi, que les miens n'aient aucune sépulture où je puisse me recueillir. Le numéro tatoué sur mon bras est la seule preuve que je possède de leur brève existence.

Je me souviens qu'en 1946, lorsque je prenais le métro à Paris, les gens remarquaient ce numéro. Leurs regards et leurs chuchotements me mettaient terriblement mal à l'aise, au point que je me suis rapidement résolu à ne porter que des manches longues.

Quand je suis arrivé en Israël, en 1947, nous étions nombreux à arborer un tel numéro sur le bras. Cependant, paradoxalement, personne ne prenait le risque d'évoquer la Shoah ni les victimes ni les autres. Mieux valait se taire car les gens ne pouvaient pas nous comprendre et accepter les faits, au point de les interpréter comme si nous nous étions « laissés massacrer comme des moutons », sans résister. Par ailleurs, en parler, c'était nous y replonger, au risque de nous empêcher de vivre le quotidien le plus normalement possible. Incapables de supporter cette injonction tacite au silence, certains se sont suicidés.

Ce silence collectif a duré jusqu'au procès d'Eichman, à Jérusalem, en 1961. Les survivants s'y exprimaient pour la première fois de façon publique, à la demande du gouvernement, et au nom de leurs camarades suppliciés. Ces témoins ont parlé des heures et des jours durant. Avec la crainte de ne pas trouver les mots, de n'être pas crus, d'informer leurs proches jusqu'alors dans l'ignorance de ce qu'ils avaient traversé. Ils ont ravivé les souvenirs d'un passé d'horreurs, contraints de revivre leurs souffrances, souvent avec une intensité que le temps n'avait pas atténuée, alors même qu'ils avaient reconstruit une autre vie, connu d'autres joies et d'autres peines. Peu préparée à les comprendre, ou plus simplement à les entendre, la société israélienne, puis mondiale s'en est trouvée secouée, et le regard sur les Juifs pendant la Shoah en a été profondément modifié.

En 1958, au début de mes études de médecine, je me suis fait enlever par mon oncle le matricule que les Allemands avaient tatoué sur mon bras. Je souhaitais pouvoir relever mes manches au bloc opératoire sans susciter les interrogations et la commisération de mes collègues – réintégrer, en quelque sorte, une vie normale. La cicatrisation a duré une douzaine d'années et, aujourd'hui, à la place du numéro, subsiste une cicatrice blanche, plissée, comme une ancienne brûlure.

Très rapidement, toutefois, j'ai ressenti une sorte de manque du fait de ne plus avoir mon numéro. Alors, je cherchais le morceau de peau excisée que j'avais précieusement conservé, comme un morceau de parchemin. Mais il n'était jamais là où je pensais l'avoir rangé, et j'étais capable de retourner toute la maison, débordé par l'angoisse, pour remettre la main dessus.

Symboliquement, ce numéro représentait pour moi la tombe imaginaire de mes parents, assassinés le jour de notre arrivée au camp –, c'est d'ailleurs grâce à ce numéro, avec l'aide d'une historienne allemande, Miriam Rouveyre, venue m'interviewer sur les enfants de Buchenwald, que j'ai pu connaître cette date exacte : le numéro B7572 inscrit sur le « parchemin » correspondait un convoi arrivé à Auschwitz le 21 août 1944. Depuis que je connais cette date, je sais pourquoi le mois d'août a toujours eu pour moi un arrière-goût d'inquiétude. Malgré le bonheur d'être en famille et en vacances, un impalpable malaise se manifeste toujours. Je pratique le 21 août une petite cérémonie en l'honneur de mes parents qui atténue cette angoisse diffuse de l'été.

Malgré tout, je souhaitais être enterré intact, sans ce numéro, que je prévoyais de léguer à mes enfants ou à un musée, comme témoignage, en mémoire de mon passage dans les camps et comme unique trace qui renvoyait à la mort de mes parents. C'était ma liberté : posséder ce numéro et ne pas le subir.

Mais, bien sûr, les choses ne se sont pas passées comme je l'avais prévu. Pour être certain de ne pas égarer mon précieux parchemin (ce qui m'arrivait sans cesse), je le conservais dans un portefeuille, que je sortais de mon tiroir lorsque je donnais une conférence pour le montrer aux étudiants. Jusqu'au jour où j'ai oublié de le remettre à l'abri et me le suis fait voler dans le casier d'un club sportif... C'était la seconde fois qu'il disparaissait de cette façon – la première fois, cela s'était passé dans un train, et la nuit de notre arrivée, ma plus jeune fille avait envoyé des mails à toutes les gares du parcours pour leur demander de fouiller leurs poubelles. Par miracle, comme il ne contenait pas d'argent, le portefeuille a été retrouvé intact dans l'une d'elles.

Mais je n'ai pas eu de seconde chance car, cette fois, malgré mes recherches, mes démarches auprès des objets trouvés et de longues séances de fouille des poubelles autour du club, je ne l'ai jamais récupéré. J'en ai été bouleversé.

Retirer cette marque de mon bras avait été l'un des moyens que j'avais trouvé pour surmonter le traumatisme des camps. Mais après la perte définitive de cette preuve matérielle, mon témoignage n'allait-il pas perdre de sa force ?

Désemparé, j'ai alors envisagé de me refaire tatouer à l'identique à partir d'une photo, puis de me faire à nouveau enlever le fragment de peau. Lorsque j'en ai parlé à mes proches, les réactions ont été diverses, mais sans appel. Selon mon épouse, c'était le danger de tout reprendre à zéro avec des risques impossibles à maîtriser. Du reste, elle m'a confié que sur le plan personnel, le fait que je l'aie perdu était selon elle une forme d'acte manqué. « C'était un souci permanent, une obsession. Eh bien, maintenant, c'est réglé : ton obsession est résolue. » Pour mon fils, cette perte était en quelque sorte un soulagement : en léguant à mes enfants ce morceau de peau, je faisais peser sur leurs épaules une bien lourde responsabilité. Pour ma fille cadette, une reproduction de mon tatouage, faite à une autre date que celle de notre arrivée au camp, n'aurait eu aucun sens. En outre, elle m'a rappelé qu'à l'origine, je ne l'avais pas fait enlever pour le transmettre mais pour redevenir « normal » et pouvoir relever mes manches sans que cela ne suscite de questions.

Quant à mes amis survivants de la déportation, ils sont restés perplexes face à une démarche qui leur était totalement incompréhensible…

Néanmoins, comme je suis têtu et que pour moi, rien n'était résolu, je suis allé consulter un chirurgien esthétique, spécialiste des grands brûlés, le professeur Mimoun, pour analyser la faisabilité de mon projet sur le plan technique. C'est son interprétation – venue s'ajouter à tous les autres avis négatifs – qui m'a convaincu d'y renoncer : « Cette marque de la barbarie et de la folie nazies recréée aujourd'hui serait inévitablement un "faux", m'a-t-il dit. Et créer un "faux" relié à l'histoire bien réelle des camps ferait surgir le risque du négationnisme. Le témoignage d'un faux parfait est-il un témoignage ? Est-ce qu'une mémoire réelle ne vaut pas mieux qu'un faux ? En faisant cela, vous feriez surgir de nombreuses équivoques. Sur ce faux, et surtout sur vous-même. Vos paroles perdraient tout leur sens. »

Je n'ai donc plus de tatouage ni sur mon bras ni dans une poche ou un tiroir, mais grâce à la cinéaste Sophie Bredier, je conserve la trace de l'existence de ce matricule tatoué et les réflexions qu'il a suscitées. Elle a filmé tous les enjeux de ce projet dans ses documentaires* *Nos traces silencieuses*** et surtout

---

* Ces films, plusieurs fois primés, sont visibles sur UniversCiné, site Internet de films en ligne.

** Grand Prix du jury au festival Entrevues Belfort (1998) et Prix des Cinémas de recherche au Festival International du Documentaire (1999).

Élie et nous[*]. Quant à l'original, j'en garde une photographie, prise par ma fille. Cela atténue un peu la douleur, toujours vivace, de cette perte.

Quant à ma vie professionnelle, il faut indiquer qu'après l'obtention difficile et éprouvante de mon baccalauréat (par l'Académie d'Alger en 1956), la suite de mes études à Paris s'est déroulée d'une façon plus normale, hormis le décalage d'une dizaine d'années par rapport à mes condisciples. J'ai poursuivi des études à l'université, à la nouvelle et à l'ancienne facultés de médecine, et effectué une préparation intensive aux concours hospitaliers : externat, puis internat en chirurgie, suivi d'une soutenance de thèse de chirurgie orthopédique primée par l'ensemble du jury présidé par le Pr Merle d'Aubigné, me désignant lauréat de la faculté de médecine de Paris (médaille d'argent). J'ai ensuite réussi le concours permettant d'être nommé chirurgien assistant des Hôpitaux de la région de Paris, et obtenu une qualification en chirurgie générale et orthopédique à l'hôpital Cochin. Sous la direction du Pr Meary, je participais activement aux études de dossiers complexes de chirurgie orthopédique. En tant que membre titulaire de la SOFCOT (Société française de chirurgie orthopédique et traumatologique) et conseiller chirurgical du GERP (Groupe d'étude de

[*] Sélection Compétition Internationale au festival Cinéma du réel (2010).

rhumatologie pratique), je participais à des réunions mensuelles d'une dizaine de rhumatologues, dont les docteurs Guy Zerhat et Maurice Weksler, avec qui je suis encore très ami aujourd'hui.

Ma vie professionnelle était accomplie, ma famille, constituée, avec enfants et petits-enfants. Le temps passant, l'âge avançant, voyant des camarades décéder, nous avons pris conscience, avec nos amis survivants, qu'il était de notre devoir de témoigner auprès de jeunes générations.

Cependant, m'étant juré de ne jamais retourner en Allemagne ou en Pologne, je restais incapable de retourner à Auschwitz. En 1993, mon fils, alors âgé de 21 ans, est venu me trouver et m'a dit : « Je veux y aller, je veux voir le lieu où mes grands-parents paternels ont disparu. » Je lui ai aussitôt répondu que si quelqu'un devait l'accompagner, c'était moi. Moralement incapable d'entreprendre le voyage seul avec lui, je l'ai organisé avec d'autres déportés et leurs grands enfants*.

Désormais, je m'y rends une à deux fois par an, pour accompagner des groupes. Ces voyages représentent chaque fois une épreuve pour moi. Mais ils

---

* Voir le témoignage de Gaël, p. 137

me permettent d'aller sur la tombe symbolique de tous les miens.

Et je témoigne régulièrement auprès des jeunes, dans les collèges, les lycées, les universités. Pour que la mémoire de la Shoah ne s'éteigne pas et que les leçons du passé puissent servir aux générations futures. Pour que ces jeunes deviennent à leur tour des témoins. Des témoins de témoins...

Les historiens donnent des comptes rendus précis de ce qui s'est passé, avec des données quantitatives, des lieux et des faits. Mais en ce qui nous concerne, mes amis et moi, nous essayons de parler de notre vécu, de ce que nous ressentions alors et que nous ressentons aujourd'hui, de nos souffrances personnelles, de nos familles, de nos proches. C'est difficilement descriptible et cela se fait au prix d'une remémoration douloureuse. Contrairement au récit historique, nos témoignages sont tous différents, uniques, personnels. Chacun de nous intervient à sa manière pour témoigner de ce qu'il a intimement vécu.

À ce jour, mes trois enfants, et cinq de mes huit petits-enfants m'ont accompagné à Auschwitz. L'un d'eux, Alexandre, résume ainsi les sentiments qu'a suscités chez lui ce voyage « indéfinissable » :

Un vide dans le temps

Revivre

Un vide dans l'espace
Un vide dans l'humanité

Quant aux autres, j'attends pour accomplir le pèle-rinage qu'ils aient à leur tour 15 ans. L'âge que j'avais lorsque j'ai été déporté.

Chute, 2017

L'hiver dernier, en bas de chez moi, je bute sur un obstacle et m'étale à plat ventre sur la chaussée. Des passants, témoins de ma chute, me viennent en aide alors que j'essaie, en vain, de me relever seul. Une fois debout, je ressens une forte douleur à la hanche mais repousse fermement leur offre de faire intervenir police secours. Je me persuade que puisque je peux me déplacer, même difficilement, c'est qu'il n'y a rien de grave. Je repars donc seul en boitant, convaincu de la présence d'un hématome à la hanche qui explique ma douleur et mettra quelque temps à se résorber. Au bout de deux semaines de marche pénible, aidé d'une canne – accessoire qui m'est totalement étranger et m'expose à des regards compatissants que je ne supporte pas –, je me résous à passer une radio, qui ne montre pas de fracture évidente mais nécessite un contrôle par IRM que je néglige. Je continue donc les séances quotidiennes de « step » et de vélo d'appartement, que je pratique depuis toujours. Je supporte un mois de plus la compagnie de cette douleur lancinante avant de faire l'IRM qui met en évidence une fracture engrenée du col du fémur, qui m'inquiète beaucoup et me fait consulter d'urgence un collègue chirurgien. Celui-ci, après un contrôle par scanner, me confirme : « Tu as tellement déconné que tu es en train de guérir tout seul ! »

Ébahi par ce constat improbable, je réalise que j'ai ainsi marché près de deux mois sur ma fracture – fracture qui aurait nécessité une intervention chirurgicale rapide, du moins est-ce ce que j'aurais proposé à mes patients dans la même situation.

Mobiliser ma hanche malgré la douleur aura progressivement permis aux deux extrémités de la fracture d'être mises en contact, au point de s'engrener et de permettre ainsi à l'os de favoriser la consolidation.

Comment comprendre autrement mon entêtement aveugle à souffrir en méprisant la douleur, si ce n'est par l'effet d'un automatisme qui me rattrapait par-delà les soixante-dix années qui me séparaient de la marche de la mort. Une épreuve extrême où il m'avait fallu tenir coûte que coûte. La mémoire du corps avait ainsi réactualisé mon expérience de survie.

Aller au-delà de mes possibilités, mépriser la souffrance, telles sont les traces que m'ont laissées les épreuves extrêmes auxquelles nous avions été soumis dans les camps.

Chute, 2017

En guise de conclusion, je laisse la parole à l'un de mes petits-fils, Simon qui, à 15 ans, avait écrit ces quelques vers :

Souvent mélancolie ravive les souffrances
Elle vient repêcher des plus profonds abîmes
De l'onde trouble des larmes, nos vieilles rémanences.

Postface
Etty Buzyn

Partager la vie d'un rescapé de la Shoah pendant plus d'un demi-siècle implique de se laisser imprégner par les réminiscences imprévisibles de ses souffrances passées, traces douloureuses qui ne peuvent s'exprimer que dans l'intimité. C'est accepter d'en être le témoin privilégié, dans une écoute empreinte de sollicitude, et néanmoins impuissant, là où toute parole de consolation reste sans effet. Le temps qui passe n'apporte à ce survivant aucun répit face à l'émergence d'une douleur toujours aussi vivace car intriquée au deuil impossible des êtres chers assassinés et laissés sans sépulture. Seul leur souvenir permet de les faire exister, alors comment pourrait-il les abandonner dans l'oubli, « l'insulte suprême », selon les termes d'Élie Wiesel. J'ai depuis toujours à l'esprit celui de mon grand-père, Yankel, homme doux et généreux, arrêté à Paris en 1942, à 54 ans, par la Gestapo sur dénonciation de sa concierge (qui s'est aussitôt approprié ses maigres biens), alors qu'il partait rejoindre son épouse, ses filles et ses petits-enfants – dont j'étais l'aînée adorée –, réfugiés depuis peu en zone libre. Envoyé à Drancy, il a été déporté à Auschwitz où l'un des gardiens, qui le connaissait d'avant-guerre, l'a régulièrement sorti de la file des prisonniers destinés à la chambre à gaz. Jusqu'au jour où une connaissance nouvellement arrivée au camp lui a appris que sa femme, ses trois filles et ses quatre petits-enfants (dont mon frère et moi) avaient connu le même sort que lui. Désespéré, il a refusé de sortir du rang et est allé à la mort de son propre chef. Lorsque le gardien a été libéré à son tour, il nous a retrouvés pour nous relater le calvaire de mon grand-père et nous remettre la chevalière qu'il lui avait confiée et qui, jusqu'au bout, avait miraculeusement échappé aux SS. Ma mère me l'a donnée et elle ne m'a jamais quittée depuis.

À l'époque de ma rencontre avec Élie, encore étudiant, il était comme muré dans son mutisme, et ses yeux se refusaient à croiser ceux des autres. Comme la majorité des déportés, il ne parlait pas. Parce que personne ne semblait prêt à les entendre. Il entretenait cependant une relation privilégiée avec ma mère, et pour cause : ils avaient chacun perdu l'être qui comptait le plus pour eux. Ils pouvaient ainsi se comprendre en miroir, au-delà de la parole, chacun reconnaissant chez l'autre ses propres souffrances et retrouvant chez lui ce dont l'avait privé l'assassinat de l'être aimé. Ma mère bénéficiait de la protection de son gendre, qu'elle considérait comme l'un de ses fils, et cela au point de demander à n'être opérée que par lui lorsque cette question s'est posée. De son côté, Élie recevait d'elle la tendresse maternelle qui lui avait été ôtée trop tôt, une protection maternelle ressuscitée… Cette relation de respect mutuel, d'une rare qualité, ne s'est jamais démentie pendant presque un demi-siècle. J'aime à penser que ma rencontre avec Élie n'est pas liée au seul hasard. Elle aura permis à ces deux êtres blessés de se soutenir mutuellement et d'apaiser leur douleur.

C'est en 1993, lors de son voyage à Auschwitz en compagnie de notre fils, confronté aux fantômes qui le hantaient depuis si longtemps, qu'Élie a pris conscience de l'urgence qu'il y avait à enfin témoigner, quoi qu'il lui en coûte. Dès lors, il a accepté de soutenir le regard d'un public attentif à ses paroles, et d'accompagner régulièrement à Auschwitz des groupes de toutes sortes : collégiens, étudiants, jusqu'aux délégations ministérielles.

L'écriture de ce livre a été pour lui une façon de faire de son témoignage oral un récit, une trace – parmi tant d'autres – qui perdurera après la disparition des derniers témoins. Mais aussi, plus de soixante-dix ans après Auschwitz, un nouveau parcours sur le fil, comme un funambule, au-dessus de ce gouffre toujours béant dans lequel il se retient encore de tomber.

Etty Buzyn

Témoignages

Certains proches d'Élie Buzyn
ont tenu à lui témoigner
leur attachement.

Haïm Korsia

J'ai rencontré Élie Buzyn presque par hasard. J'organise chaque année un voyage de mémoire à Auschwitz, afin que nul n'ignore cette sombre et terrifiante part de l'histoire de l'humanité. Car « ceux qui ne connaissent pas l'histoire s'exposent à ce qu'elle recommence », comme l'a écrit Élie Wiesel. Cette année-là, le déporté survivant qui m'accompagnait régulièrement en qualité de grand témoin fut indisponible quelques jours avant le départ et une administratrice de l'OSE me donna pour le remplacer les coordonnées de l'un de ses amis. Il avait le triste privilège d'avoir survécu aux camps de la mort et d'être un médecin reconnu. Il s'agissait d'Élie Buzyn qui, sans hésiter, m'a donné son accord pour un retour, trois jours plus tard, sur les lieux de son calvaire. Depuis, il accompagne fidèlement tous les ans les pèlerins, malgré le poids de l'âge et la douleur des souvenirs. Je ne peux plus imaginer ce voyage sans lui.

Je dois dire que j'ai rarement rencontré un homme d'une telle humanité, au sens plein du terme. De l'enfant heureux de Lodz au garçon qui, à 11 ans, prend en charge la survie de sa famille, de l'adolescent orphelin des camps de travail et de la mort au jeune homme investi en Palestine puis en Israël, de l'étudiant en médecine tardif et courageux au chirurgien orthopédique français, se dévouant au service des plus démunis notamment en Afrique, du grand-père soucieux de transmission au grand témoin généreux, Élie Buzyn est un homme aux vies étonnamment multiples, qui a su transformer les épreuves terribles de son existence en force, en bienveillance et en générosité.

Le vrai prénom d'Élie Buzyn était en fait Éliezer, en hébreu *Élie*, « Mon Dieu », et *ezer*, « a secouru » : « Dieu a secouru »… C'est le même prénom qu'Élie Wiesel, qui considérait que pendant cette période, à Auschwitz, pendant la marche de la mort ou encore à Buchenwald, il avait été abandonné. Ou du moins, son père. Élie Buzyn et Élie Wiesel ont contracté leur prénom, comme un acte manqué qui pose la question de la protection divine. Mais sans se rendre compte, ou alors en le sachant très bien, trop bien, que ce nouveau prénom est un appel jamais éteint à Dieu : Élie, Élie, Mon Dieu, Mon Dieu ! Ou alors, un écho du cri du psalmiste : « *Élie, Élie, lama azavtani ?* "Mon Dieu, Mon Dieu, pourquoi m'as-tu abandonné ?" » (Ps, XXII, 2)

Et de toutes les façons, je l'appelle rabbi Élie, car il est pour moi un maître en humanité, une référence morale. Un rabbi. Le reflet de celui dont il a toujours la photo sur lui et qui lui ressemble tant, le rabbi à la barbe imposante de sage, le rabbi du temps d'avant.

Son grand-père.

D'arrachements en exils, de souffrances cruelles en deuils abominables, comment en effet cet homme tient-il encore debout ? Comment à 89 ans trouve-t-il encore l'énergie de témoigner ?

Il y a la famille qu'il a construite avec Etty, son épouse, psychothérapeute, qui suit son propre chemin intellectuel et a notamment développé le concept si juste de la nécessité de laisser les enfants s'ennuyer, rêver, créer pour leur permettre de devenir eux-mêmes. Il y a ses enfants, ses huit petits-enfants aussi, qui sont, comme il l'a souvent dit, sa victoire sur ses bourreaux. Ces petits-enfants qu'il a fait vœu d'emmener chacun, dès leur quinzième année, l'âge qu'il avait lui-même à Auschwitz, sur les lieux dou-loureux de sa propre adolescence, pour qu'ils sachent. Cette famille remarquable, qui porte dans ses yeux la même empathie et les mêmes questionnements que ceux qu'il a inscrits dans son propre regard.

Il y a cette métamorphose qui lui a permis de transformer cette descente aux enfers en promesse d'avenir. Il m'a raconté qu'à sa libération, en sortant de Buchenwald, il avait regardé droit devant lui, sans se retourner, sans quoi il aurait sauté dans l'abîme afin d'y rejoindre sa famille. Comme le fera Primo Levi… Comment ne pas penser à la femme de Loth qui, elle, s'est retournée et s'est transformée en statue de sel, en bloc de souffrance ?

Aller de l'avant, cultiver la bienveillance, pratiquer la compassion, l'empathie. Mais aussi ne pas oublier, témoigner, transmettre. À chaque voyage, chaque pèlerinage que nous accomplissons à Auschwitz, il est devenu un pilier essentiel et une aide précieuse pour chacun. Il relate son expérience tragique et sait anticiper les questions et les réactions avec une telle simplicité et une telle disponibilité qu'il contribue à rendre cette confrontation avec l'abîme possible, supportable pour nous. Sa présence active et désintéressée, son humanité, l'absence aussi de toute amertume ou rancœur dans son attitude aident tous les participants à ressortir plus humains de ces lieux hantés, en évitant que chacun s'enfonce dans la désespérance et la déréliction.

Élie Buzyn est pour moi plus qu'un ami, un père, un repère, un symbole d'humanité. Notre pays a distingué ses mérites en le nommant chevalier de la Légion d'honneur et a couronné son engagement de pédagogue en le faisant commandeur des Palmes académiques. Le premier Ministre Jean-Marc Ayrault puis la ministre des Armées, Florence Parly, en larmes, le distinguèrent comme un grand Français. Et ces deux décorations le signalent tout particulièrement à notre admiration. Son attachement aux principes du judaïsme, en particulier au devoir de mémoire, à l'impératif de transmettre, en fait un grand « gardien de la vie ». Et en nous livrant dans ce livre l'histoire si extraordinaire de sa vie, de ses vies, pour nous redire l'indicible mais aussi l'espoir, il accomplit encore cette transmission qui nous a été prescrite : « interroge ton père, il te l'apprendra, tes anciens, ils te le raconteront. » (Deut. XXXII, 7)

Mais plus que tout, Élie est l'incarnation de ce verset du Deutéronome (IV, 9) : « Seulement, prends garde à toi et veille attentivement sur ton âme, tous les jours de ta vie, de peur que tu n'oublies les choses que tes yeux ont vues, et qu'elles ne sortent de ton cœur ; enseigne-les à tes enfants et aux enfants de tes enfants. »

Pour tout cela, Élie, Merci.

Haïm Korsia,
Grand Rabbin de France
Membre de l'Institut

Gaël Buzyn

Il est un jour où l'on devient un homme, ou plutôt, il est un jour où on comprend qu'on doit le devenir. J'ai compris que je deviendrais un homme, le jour où j'ai ramené mon père à Auschwitz. Le choix du terme « ramener » peut paraître surprenant, mais c'est celui qui me semble convenir, le plus en accord avec le souvenir que j'ai de cet événement.

Avant cela, sans que ce soit pour autant un tabou, mon père ne nous parlait que rarement, à mes sœurs et à moi, de sa déportation. Il s'en tenait aux grandes dates clés et ne nous livrait que peu de détails. C'est d'ailleurs souvent ma mère qui nous rappelait, dans les moments les plus intenses et parfois difficiles de la vie familiale, ce que mon père avait déjà éprouvé, et exprimait alors son désir qu'il soit, de ce fait, un peu épargné. Son sort tragique ne m'était donc pas inconnu, mais lorsque j'essayais de visualiser l'horreur qu'il avait vécue pendant la guerre, j'avais pour seules références les images de *Nuit et Brouillard* et d'autres documentaires historiques.

Jusqu'à ce jour de 1993 où je me suis surpris à lui demander, sur une impulsion, de retourner à Auschwitz avec moi. Je ne peux que spéculer sur les raisons qui m'ont poussé à lui formuler ainsi, spontanément, cette requête car je ne me souviens pas en avoir eu, avant cela, l'envie ou même l'idée. Je me doutais cependant que cela serait inévitablement pour lui un sacrifice. Sa réponse positive, quasi immédiate, m'a pris au dépourvu : c'était comme s'il s'agissait d'une forme de libération qu'il avait longuement attendue.

Nous sommes donc partis pour Auschwitz un matin d'hiver, avec un groupe et quelques-uns de ses compagnons de déportation, dont la présence rassurante apportait à notre aventure un esprit de camaraderie salutaire.

Avant de nous rendre au camp, nous sommes passés par Lodz, sa ville natale, dont la visite m'a semblé plus imprégnée de nostalgie que d'horreur. Les histoires et les souvenirs d'enfance que s'échangeaient mon père et ses amis, ainsi que la transformation qu'avait subie la ville depuis, paraissaient avoir atténué un peu la mémoire douloureuse du ghetto, théâtre, cinquante ans plus tôt, de l'assassinat brutal de son frère par les nazis.

L'arrivée à Auschwitz, le lendemain, n'en a été, par contraste, que plus saisissante ; extrêmement déstabilisante. Dans les allées sinistres du camp, je comprenais soudain l'ampleur de l'horreur qu'il avait vécue. À chaque baraque, chaque four crématoire, chaque montagne de lunettes ou cheveux, je mesurais la force qu'il avait dû s'inventer pour accepter de survivre à l'assassinat de son frère et de ses parents, tandis que les nazis s'évertuaient à faire de lui un sous-homme.

À chacun de ses témoignages, je comprenais que pour s'en sortir, il lui avait fallu devenir un homme, un surhomme, même, alors qu'il n'avait que 13 ans. Je saisissais que sans cette force et cette volonté de vivre pour ceux qu'il avait perdus, je n'aurais jamais existé.

Je comprenais aussi l'origine de sa sagesse, de son calme légendaire, et la raison pour laquelle il tenait tant à ce que mes sœurs et moi puissions profiter d'une enfance dont il avait été privé.

Ce jour-là, à Auschwitz, j'ai compris que mon père était un homme et que j'allais un jour en devenir un, moi aussi.

Gaël Buzyn

Roland Amiach

De 17 à 25 ans j'ai travaillé dans le commerce familial. Puis j'ai démissionné à la suite de multiples désaccords avec mon père, et cherché le moyen de prouver mes capacités. C'est alors que le directeur du cours Descartes, où j'avais fait ma scolarité et avec lequel j'avais gardé d'excellentes relations, m'a conseillé de reprendre mes études – dont au fil des années, j'avais gardé une certaine nostalgie – en payant ma scolarité par des heures de surveillance. « D'ailleurs », m'avait-il dit, « un Israélien de ton âge, rescapé des camps de concentration, est dans le même cas. Vous pourrez vous entraider dans cette entreprise pour laquelle vous aurez tout mon appui. » C'est ainsi que j'ai connu Élie. Le jour de notre rencontre, fiévreux, il gardait la chambre, assis en tailleur sur son lit. Je percevais à peine le bleu de ses yeux tant ses paupières se fermaient. Il parlait lentement ou plutôt murmurait avec un fort accent.Après quelques semaines de travail acharné, nous sommes devenus inséparables. J'avais à la fois très envie de le présenter à ma famille et, le connaissant, très peur qu'il m'oppose un refus. Je craignais aussi de le mettre mal à l'aise face à ma si grande famille. À Pâques, je me suis lancé et je l'ai invité à passer les fêtes chez mes parents. À ma grande surprise, il a accepté immédiatement, sans hésitation. Mon père, Jules, attendait avec fébrilité de faire la connaissance de mon nouvel ami et l'a aussitôt serré dans ses bras, ému aux larmes, en pensant à ses épreuves passées. Imaginez aussi sa fierté d'avoir un Israélien à sa table au moment des prières traditionnelles !

Par la suite, ma famille a véritablement adopté Élie, et lui venait nous rendre visite chaque fois qu'il le pouvait. Je me souviens qu'un jour, après l'un de ces repas dont ma mère, Étoile, avait le secret j'avais, comme souvent, sombré dans les bras de Morphée. Bien vite, Élie est venu me secouer : « Roland, lève-toi, il est déjà 16 heures, on est trop en retard ! » Complètement endormi, j'ai couru dans la salle de bains pour m'asperger le visage d'eau afin de retrouver toute ma lucidité. À mon retour dans la chambre, j'ai trouvé Élie allongé sur le lit, profondément endormi. Sachant combien il manquait de sommeil, je n'ai pas eu le courage de le réveiller à mon tour. Il n'a rouvert les yeux que deux heures plus tard. Je l'attendais assis, patiemment. Inutile de décrire le fou rire qui s'est ensuivi et la chaleur qui a alors envahi mon cœur. Car non seulement Élie riait, mais ces éclats de rire étaient les premiers que je voyais chez lui depuis notre rencontre.

J'étais fasciné par la capacité d'Élie à apprendre, comprendre et mémoriser. De ce petit bonhomme émanait une puissance infinie, aussi bien physique qu'intellectuelle, comme s'il avait hérité de celle de toute sa famille dont il avait été atrocement amputé.

Chaque soir, après avoir éteint le dortoir de l'internat du cours Descartes, nous étudiions une question, parfois jusqu'à 2 heures du matin, Élie toujours frais comme un gardon, moi écrasé de sommeil. Après quelques heures de sommeil et une rapide toilette, nous nous récitions la leçon avant de réveiller les élèves. Un matin, épuisé, alors qu'il m'interrogeait, je me suis trouvé incapable de me souvenir du sujet même de la leçon que nous venions pourtant de réviser. Surpris, il m'a rappelé qu'il s'agissait du champ magnétique terrestre. Tandis que tout me revenait en mémoire, je lui ai demandé comment il pouvait être aussi lucide après avoir si peu dormi. Pour la première fois, lui qui ne se livrait jamais, il m'a raconté la marche forcée qui avait forgé sa capacité de résistance au sommeil car tous ceux qui flanchaient étaient abattus d'une balle dans la tête. J'en frémis encore…

Roland Amiach

Jacques Wrobel

C'était un dimanche de novembre. Je terminais une visite chez une patiente à qui on venait de révéler un cancer évolué. Douloureuse et anxieuse, elle m'avait appelé tôt le matin. Au moment de nous quitter, rassurée sans doute par ma venue, ma prescription et le temps que je lui avais consacré, elle m'a dit : « Je ne sais pas de qui vous tenez autant d'humanité. » Je me suis surpris à lui répondre alors, sans hésiter, que moi je le savais. Il est un homme, en effet, qui a veillé depuis cinquante-cinq ans à me transmettre des valeurs essentielles qui ont influencé ma vie personnelle et ma pratique médicale. Il serait trop long de citer toutes ces valeurs, mais elles ont pour point commun le respect des autres, l'écoute des patients, l'attention envers les personnes âgées.

Il s'agit de mon beau-frère, Élie Buzyn.

Ne parlant que très rarement de lui, mais passant un temps illimité à faire parler les autres, il n'oubliait jamais de rebondir sur un propos ou une allusion qu'il jugeait critiquable. Jamais agressif ni condescendant, il évaluait à voix mesurée le propos maladroit avant de soumettre une alternative plus acceptable.

Étudiant, je l'ai souvent assisté au bloc opératoire, avant, bien plus tard, d'endormir ses patients. Il se plaisait à développer tout haut les différentes stratégies possibles, les évaluait puis en choisissait une, non sans me consulter avant de l'appliquer : « Tu es d'accord ? », ce qui me flattait devant l'équipe du bloc. Il respectait ses équipes, de la panseuse au brancardier, montrant là combien nous étions interdépendants et que rien ne justifiait un quelconque mépris. Il lui arrivait d'être impatient, mais toujours dans le respect de l'autre et de sa tâche. Parfois, il nous rappelait qu'il y avait là un patient qui nous avait accordé sa confiance, ce qui était plus important que nos petites mésententes. Sa décision était alors incontestée car son autorité nous était naturelle : au bout du compte, il n'y avait qu'un seul responsable pour décider, et cette tâche incombait au médecin. Hors de question pour lui de la trahir.

Il a arrêté sa pratique de chirurgien il y a plus de vingt ans, durant lesquels il s'est engagé dans des missions humanitaires auprès de populations en péril en Afrique noire. Il est encore sollicité aujourd'hui par d'anciens patients qui souhaitent avoir son avis. Mais surtout, pour continuer à défendre ces mêmes valeurs, il a pris la décision de témoigner sur les années de déportation qu'il a endurées. Ainsi, entre les conférences aux adolescents dans les écoles ou les voyages de la mémoire à Auschwitz, il œuvre sans compter son temps. Cette fois, ce sont les autres, les jeunes, qui l'écoutent attentivement. Mais il ne faut pas se méprendre, il s'agit pour lui de la même démarche, son combat de toujours, celui qui place l'individu, vivant ou assassiné sans sépulture, au sommet du respect et de la considération.

L'humanité, Élie Buzyn la porte avec force et exemplarité, pour sa famille et pour tous, au plus profond de son être.

Dr Jacques Wrobel,
anesthésiste-réanimateur

Éric Martinent

L'empreinte d'Auschwitz dans l'éthique chirurgicale d'Élie Buzyn*

É lie Buzyn a conscience que l'éthique de *tout* et de *chaque* chirurgien est de l'ordre « de la législation intérieure » ; qu'elle pose la question « des limites des devoirs de l'homme envers lui-même et envers les autres** » en responsabilité. L'éthique est

---

* *Après Auschwitz*, bulletin de l'UDA, n° 344, décembre 2017.

** Emmanuel Kant, *Métaphysique des mœurs, Doctrine de la vertu*, rq finale, VI, 491, in *Œuvres complètes*, tome 3ᵉ, *Les derniers écrits*, p. 791

ce qui inspire l'action et permet d'en justifier, non pas les causes, mais d'en rappeler les principes et les valeurs mises en tension. Toute réflexion éthique oblige à une intelligence de la règle, de la situation et du cas – un humanisme en actes – après une délibération et une décision éclairée. Celle-ci commande la protection de toute et de chaque personne humaine qu'il prend en soin avec une égale dignité. Le seul intérêt qui vaille, pour Élie, est celui de son patient. Il convient pour lui d'apprendre à chercher à entendre les véritables attentes. La part de l'éthique constitue chez Élie une « philosophie première ». En s'inspirant d'Emmanuel Levinas, elle s'attache à « la sainteté du désintéressement », et à « l'engagement pour l'autre *sans réciprocité*[*] ». Il fut « otage de l'autre » au sens de Levinas, il est « otage de ses autres », les siens qui furent exécutés arbitrairement (son frère) ou exterminés (ses parents). Il porte ce deuil impossible, celui de ses proches et des autres. Indicible et impossible deuil car il est amputé. Ces membres de sa famille sont disparus et morts sans lieu de sépulture, sans rite. L'éthique d'Élie induit un respect universel de l'altérité dans l'accueil de l'autre, de l'être à opérer et à « réparer », fragile et vulnérable, otage de sa maladie ou de son handicap.

---

[*] Emmanuel Lévinas, *Pour une philosophie de la sainteté*, *in*, Michäel de Saint-Chéron, Dialogue avec Geneviève Anthonioz, Edgar Morin et Emmanuel Levinas, *De la mémoire à la responsabilité*, Dervy, 2000, pp.19-41.

La chirurgie d'Élie est de l'ordre de l'engagement, de la réparation, du témoignage d'une fraternité agissante à chaque rencontre. Elle est le signe d'une opposition et d'un combat contre l'idéologie de mort que fut l'*ethos* des médecins nazis qui persécutent et exécutent. Celui-ci n'est aucunement de l'ordre de l'éthique. L'éthique nécessite un esprit *critique, une libre pensée et une volonté d'indépendance*, une responsabilité individuelle et d'accepter de rendre compte de ses actions.

À l'inverse, l'*ethos* nazi regroupe l'ensemble des normes communes à un groupe d'une société médicale à caractère sectaire*. Avant la Seconde Guerre mondiale, les médecins nazis sont les théoriciens et les pionniers de l'holocauste. Ils définissent la « race juive ». Ils élaborent des « critères d'expertise et des consultations d'eugénisme pratique » pour réduire l'individu à une « image héréditaire », le condamnant à être séparé d'avec le corps social « sain ». Les médecins « hérédologues » par leurs classifications des « tares héréditaires » (« raciales » ou « pathologiques ») vont s'ériger en « défenseurs » de l'État et

---

* Kurtz Blome, *Arzt im Kampf*, Johann Ambrosius Barth, Verlag, Leipzig, 1941 ; Rudolf Ramm, Ärztliche Rechts-und Santdeskunde, Der Arzt als Gefundheitzieher, Walter de Gruyter & Co, Berlin, 1942. Dans ces deux ouvrages l'ensemble de l'idéologie et l'ethos médical nazis est développé, on trouve dans le livre de Ramm, les textes relatifs à la « déontologie » des nazis concernant l'exercice médical.

de la « race aryenne* ». Ce sont des médecins clas-
sificateurs qui mettent la vie des hommes en fiche.
Ce sont déjà des médecins légistes, qui sélectionnent
plus qu'ils ne soignent. Sans mener aucun examen
clinique, ils rendent des rapports d'expertise à des
tribunaux de la santé héréditaire qui sont les anti-
chambres de la sélection des porteurs de tares héréditaires ou des « asociaux ». Tous seront persécutés qui
internés, qui stérilisés, qui assassinés avec l'apparence
de la légalité et de la « miséricorde ».

Cette médecine sans humanité**, lors de la Seconde
Guerre mondiale va s'industrialiser. Elle produira
des crimes contre l'humanité et des crimes de guerre,
jugés comme tels lors du procès de Nuremberg mais
considérés comme licites par ceux qui les ont commis. Ils alléguaient comme moyens de défense que
la médecine est une activité sans « responsabilité
individuelle » où tout médecin n'est qu'un « instru-
ment » ou un soldat de la mise en œuvre de l'idéologie de « l'hygiène raciale » et de la « solution finale ».
Selon Joachim Mrugowsky, directeur de l'Institut
d'hygiène de la Waffen-SS et condamné à mort à

---

* Otmar von Verschuer, *Manuel d'eugénique et hérédité
humaine*, Masson, 1943, trad. George Montandon, spéc. p. 124
(« concernant la question juive »).
** Alexander Mitscherlich et Fred Mielke, *Medizin ohne
Menschlichkeit*, Dokumente des Nürnberg Ärztprozesses, Fischer
Taschenbuch Verlag, 2009.

l'issue de son procès en 1947, le « devoir de fidélité » des médecins sous le nazisme, implique qu'il
« n'existe entre le médecin et le détenu, les relations
habituelles entre médecin et malade, et si le détenu
est mis à disposition du médecin par l'État, on peut
conclure nettement que l'État approuve » les actes
commis. « En temps de guerre totale, l'État dispose
comme il l'entend de ses [...] détenus, et le médecin
n'a pas le droit de se soustraire à un ordre donné
par les plus hautes autorités de l'État[*] ». Les médecins nazis (les « *Lagerärzte* ») dans les camps de
concentration et d'extermination sont des tortion-
naires qui pratiquent, sous couvert de médecine,
des sélections arbitraires et utilitaires. Ce sont des
êtres qui s'arrogent le droit de survie, d'esclavage
ou de mort. Ce sont des médecins criminels qui tor-
turent sous couvert d'expérimentation scientifique.
Le « matériel humain » est un « matériel expérimen-
tal » que l'on peut « commander » et dont on peut
maîtriser les conditions d'emploi[**]. Comme le syn-
thétise Ernst Klee : « Auschwitz, c'est l'apogée de la
médecine de sélection [...] Auschwitz est le terrain
d'expérimentation idéal. Jamais nulle part, on n'a eu
aussi facilement accès aux cobayes, jamais on n'a eu

---

[*] François Bayle, *Croix gammées contre caducée, Les
expériences en Allemagne pendant la Seconde Guerre mondiale*,
1950, p. 1480.
[**] Benoît Massin, *Mengele et le sang d'Auchwitz*, in, Christian
Bonah (dir.), *Nazisme, science et médecine*, Glyphe, 2006, p. 93.

autant d'objets d'expérience humains à disposition [...] Auschwitz a été un enfer pour les détenus. Et un paradis pour la recherche* ». Ce sont des individus qui, dans la partie du camp où se réalisent les exterminations, organisent la gestion efficace de « l'industrie » de mort, en déterminent les procédés et les procédures, dirigent et surveillent le bon fonctionnement des chambres à gaz, pendant et après les « exécutions collectives ».

La présence d'Auschwitz dans l'existence d'Élie imprègne ses choix de carrière professionnelle et sa pratique de la chirurgie. Il l'exprime avec pudeur à travers le récit des moments topiques où l'empreinte de cette période marque ses engagements professionnels. Dans le choix de sa carrière de chirurgien, Élie cherche à « réparer » et à permettre à ses patients de continuer leurs parcours de vie. À la médecine, Élie préfère la chirurgie qui, par la médiation de la main comme symbole, offre des résultats tangibles, rapides et palpables. La chirurgie orthopédique qu'il embrasse, c'est d'une manière imagée, la chirurgie de la rectitude. L'orthopédie « est la partie de la chirurgie qui a spécialement pour objet de *prévenir* et de *corriger* les difformités du corps** ». Ce n'est pas sans

---

* Ernst Klee, *La médecine nazie et ses victimes*, Actes Sud, 1999, p. 341-354-356.
** Adélon, Dictionnaire de médecine, Chez Béchet, 1826, tome 16e, p. 1.

signification que celui qui a eu les pieds gelés lors de la marche pour la mort, celui qui est resté debout lors des appels, choisisse d'exercer cette discipline chirurgicale.

L'intelligence de la chirurgie d'Élie Buzyn est une chirurgie de la liberté qui n'est pas enchaînée aux seuls protocoles et normes établies. Il fait œuvre de création.

Éric Martinent,
Maître de conférences associé en droit public,
Université Jean Moulin – Lyon 3
Vice-président de la Société française
et francophone d'éthique médicale

Remerciements

Je tiens en premier lieu à exprimer toute ma gratitude à Karine Bailly de Robien pour son implication et son accueil chaleureux au projet de ce livre, mais aussi à Sophie Carquain qui l'a soutenu avec conviction.

Ma reconnaissance s'adresse aux intervenants et amis qui, depuis plus de dix ans, ont successivement contribué à l'enregistrement et à la transcription du témoignage de mon parcours de vie, à savoir : le Dr. J. J. Moscovitz, le Pr. Yves Lévy, Maître Éric Martinent, que je remercie pour leur constance à toute épreuve...

Ces textes ont bénéficié de la collaboration efficace de Joëlle Martres et Judith Vernant, à qui ils doivent beaucoup...

Enfin l'édition de ce livre s'est effectuée dans les conditions les plus favorables grâce au professionnalisme de l'équipe des Éditions Leduc et Alisio : Barbara, Caroline, Aurélie, Bérénice et Alice.

Et à ma fille Émilie, pour ses photographies.

Table des matières

Avant-propos 11

Prologue 15

Première partie – Vivre 19

Deuxième partie – Survivre 43

Troisième partie – Revivre 65

Chute, 2017 119

Postface – Etty Buzyn 123

Témoignages 127

1. Haïm Korsia 129

2. Gaël Buzyn 135

3. Roland Amiach 139

4. Jacques Wrobel 143

5. Éric Martinent 147

L'empreinte d'Auschwitz
dans l'éthique chirurgicale d'Élie Buzyn 147

Remerciements 155

Achevé d'imprimer en Espagne par Novoprint
Dépôt légal : mai 2019